상대의 마음을 사로잡는 화술과 스피치
Why Not?의 비밀

상대의 마음을 사로잡는 화술과 스피치
Why Not?의 비밀

초판인쇄 | 2025년 7월 10일
초판발행 | 2025년 7월 12일

저 자 | 김한식
발행인 | 이웅현
발행처 | 부카
편집 · 디자인 | 이주영
교정 · 교열인 | 서이화
출판등록 | 제2017-000006호
　　　　　　대구광역시 달서구 문화회관길 165, 대구출판산업지원센터 408호
　　　　　　전화_ 053-423-1912　　팩스_ 053-639-1912
　　　　　　이메일_ bookaa@hanmail.net
　　　　　　홈페이지_ bookaa-n.com

ⓒ ISBN 979-11-7419-023-9

- 이 책에 수록된 내용은 저작권법의 보호를 받는 저작물이므로 무단전재와 복제를 금합니다.
- 잘못 만들어진 책은 구입처에서 바꿔 드립니다.

장군스피치 김한식교수의
1~3분 스피치 낭송훈련

상대의 마음을 사로잡는
화술과 스피치
Why Not?의 비밀

김 한 식

장군스피치 낭송훈련으로 **두뇌개발과 치매예방**

부카

| 서문 |

  필자는 약 23년 전에 16년 동안 꿈과 열정을 다해 다녔던 직장을 그만두고 서울에서 대구의 대학으로 자리를 옮겼다. 직장에서 배운 전문성과 실무경험을 학생들에게 전수해 주고자 학생들의 로드맵을 잡아주고 강력하게 육성하여 좋은 회사에 취업하는데 도움을 주고자 나름대로 많은 노력을 기울였다. 그러나 학생들은 용기와 자신감도 부족하고, 특히 자기 자신을 표현하는 데 너무나 취약했다. 졸업하고 좋은 회사에 취업할 때에도 면접 시 자기표현이 필요하고, 대학원에 진학할 때에도 당당한 자기표현이 필요하다. 사랑하는 제자들이 학교를 졸업하고 사회에 진출하고자 했을 때 치열한 경쟁에서 탈락되어 좌절하면 어쩌나 하는 불안감이 몰려왔다. 그래서 학과의 전공 공부도 중요하지만 제자들에게 자신감과 열정, 비전을 통해 승리감을 느끼게 하고 싶었다.

  그래서 그동안 직장에서 수많은 사내강사들을 양성한 경험을 바탕으로 기초자료를 수집하고 관련 교재를 제작하는 등 2년여의 준비기간을 거쳐 2005년 처음으로 교내 평생교육원에 장군스피치리더십 교육과정을 개설하고 또한 "화술과 스피치"라는 대학정규 교육과정도 개발했다. 2005년에 처음 개강한 장군스피치리더십 교육과정이 벌써 20년의 세월이 흘렀다. 그동안 본교 대학생뿐만 아니라 다양한 분야에서 약 3,000명의 성인들이 장군스피치 교육을 수료하여 각 분야의 리더로 진취적인 삶을 살아가고 있다.

많은 사람은 필자에게 장군스피치가 무엇이냐고 묻는다. 일반적으로 장군이라고 하면 군대 지휘자로서의 장군, 강한 목소리, 절도 있는 행동 등을 생각하고 있다. 하지만 필자가 주장하는 장군의 개념은 한 단계 더 성장하여 끊임없는 자기훈련을 통해서 외유내강의 내공과 용기, 자신감을 형성하고 장군의 생각과 장군의 행동을 통해 자신의 한계를 극복하고 진정한 리더로서의 꿈을 이루어낸 사람을 말한다.

21세기는 자기표현의 시대이다. 본 교재의 장군스피치 낭송훈련은 건강한 두뇌를 회복하기 위한 치매예방 훈련이다. 하루에 낭송원고 1개씩 큰소리로 수십번 반복해서 읽고 또 읽으면 나도 모르게 내용이 외워지고 두뇌가 회전하여 치매가 예방되고 본인의 삶에도 자신감과 열정이 생겨나게 되어 남들이 불가능하게 생각하는 일들도 해낼 수 있게 된다. 그래서 본 교재의 제목도 "why not?의 비밀"이다.

우리나라 최고의 기업 현대그룹 정주영회장님도 생전에 직원들이 "못한다. 할 수 없다. 불가능하다."라고 얘기하면 "왜 못해! 한번 해 보기는 했어?"라고 말했다고 한다. 유명한 고사성어 중에 "'안광(眼光)이 지배(紙背)를 철(徹)한다"라는 말이 있다. "눈의 빛이 종이 뒤를 꿰뚫어 본다"라는 의미이다. 어찌 종이의 뒤를 볼 수가 있겠는가? 하지만 비록 지금은 불가능해 보이는 일이라 할지라도 포기하지 않고 남들보다 10배, 100배 노력하면 언젠가는 볼 수가 있게 된다는 의미이다.

필자의 장군스피치 교육과정 중에 1분 스피치 암송훈련이라는 것이 있다. 매일 1분 스피치 암송원고를 주제로 주고 외워서 사람들 앞에서 발표하게 한다. 처음에는 외우는 것을 힘들어 하지만 시간이 지나면서 두뇌가 회전하게 되고 점차 모든 것을 외워서 발표하게 된다. 모든 것은 시간이 해결한다. 내 안에서 무언가가 꿈틀거리게 되고 점차 시간이 지나면서 나도 무엇이든 할 수 있다는 자신감이 생겨나게 되는 것이다.

본 교재는 독자들이 하루에 1개의 주제로 혼자서도 훈련할 수 있는 낭송훈련 원고이다. 주어진 원고는 1분 또는 3분 스피치에 충분한 분량이므로 각자의 속도에 맞추어 적절히 조절하여 주어진 시간 안에 낭송할 수 있도록 노력한다면 반드시 좋은 결과가 있을 것이다. 이 시대의 많은 젊은이들이 장군스피치 낭송훈련을 통해 자신감을 가지고 당당한 삶을 살며, 더 나아가 각자의 분야에서 자신들의 비전과 목표를 향하여 끊임없이 노력하고 계발하는 리더, 즉 진정한 장군이 되기를 바란다.

    21세기는 자기표현의 시대이다. 필자는 대중 앞에서 자기소개를 할 때 반드시 이름을 2번 반복해서 "○○○, ○○○입니다"라고 표현한다. 청중들로 하여금 내 이름을 분명히 기억하게 하고 나를 남들과 차별하게 만드는 자기표현 기법이다. 본 교재의 장군스피치 낭송훈련은 건강한 두뇌를 회복하기 위한 치매예방 훈련이다.

2025. 06. 20.

김한식 스피치리더십 연구실에서

차례

서문 • 4

제1장 1분 스피치 낭송훈련 주제

(1일차) 열정 • 14
(2일차) 분노 • 16
(3일차) 자긍심 • 18
(4일차) 경탄 • 20
(5일차) 경쟁심 • 22
(6일차) 야심 • 24
(7일차) 사랑 • 26
(8일차) 당당함 • 28
(9일차) 탐욕 • 30
(10일차) 반감 • 32
(11일차) 박애 • 34
(12일차) 연민 • 36
(13일차) 회한 • 38
(14일차) 당황 • 40
(15일차) 멘붕 • 42

(16일차) 경멸 • 44
(17일차) 잔혹함 • 46
(18일차) 욕망 • 48
(19일차) 동경 • 50
(20일차) 멸시 • 52
(21일차) 절망 • 54
(22일차) 호의 • 56
(23일차) 환희 • 58
(24일차) 영광 • 60
(25일차) 감사 • 62
(26일차) 겸손 • 64
(27일차) 비루함 • 66
(28일차) 질투 • 68
(29일차) 적의 • 70
(30일차) 조롱 • 72

제 2 장 2분 스피치 낭송훈련 주제

(31일차) 욕정 • **76**
(32일차) 탐식 • **78**
(33일차) 두려움 • **80**
(34일차) 동정 • **82**
(35일차) 공손 • **84**
(36일차) 미움 • **86**
(37일차) 후회 • **88**
(38일차) 끌림 • **90**
(39일차) 치욕 • **92**
(40일차) 행복 • **94**
(41일차) 확신 • **96**
(42일차) 희망 • **98**
(43일차) 오만 • **100**
(44일차) 소심함 • **102**
(45일차) 쾌감 • **104**

(46일차) 슬픔 • **106**
(47일차) 수치심 • **108**
(48일차) 복수심 • **110**
(49일차) 스트레 • **112**
(50일차) 우울 • **114**
(51일차) 포기 • **116**
(52일차) 좌절 • **118**
(53일차) 불안 • **120**
(54일차) 격정 • **122**
(55일차) 영웅 • **124**
(56일차) 태도 • **126**
(57일차) 문화 • **128**
(58일차) 창의성 • **130**
(59일차) 동기 • **132**
(60일차) 자신감 • **134**

제3장 3분 스피치 낭송훈련 주제

(61일차) 초라함 • **138**
(62일차) 칭찬 • **140**
(63일차) 권력 • **142**
(64일차) 정의 • **144**
(65일차) 리더십 • **146**
(66일차) 자아 • **148**
(67일차) 목표 • **150**
(68일차) 비전 • **152**
(69일차) 사명 • **154**
(70일차) 갈등 • **156**
(71일차) 협력 • **158**
(72일차) 용기 • **160**
(73일차) 인내 • **162**
(74일차) 인간관계 • **164**
(75일차) 경청 • **166**
(76일차) 지각 • **168**

(77일차) 평등 • **170**
(78일차) 화술 • **172**
(79일차) 스피치 • **174**
(80일차) 매너 • **176**
(81일차) 브랜드 • **178**
(82일차) 이미지 • **180**
(83일차) 창의성 • **182**
(84일차) 운명 • **184**
(85일차) 우정 • **186**
(86일차) 결단 • **188**
(87일차) 유연성 • **190**
(88일차) 역경 • **192**
(89일차) 호기심 • **194**
(90일차) 활력 • **196**
(91일차) 카리스마 • **198**
(92일차) 좌우명 • **200**

(93일차) 자유 • **202**

(94일차) 내 운명은 내가 개척한다. • **204**

(95일차) 나는 행동을 선택하는 사람이다. • **206**

(96일차) 나는 지혜를 찾아 나서겠다. • **208**

(97일차) 나는 과거에 얽메이지 않겠다. • **210**

(98일차) 나는 행복한 사람이 될 것이다. • **212**

(99일차) 나는 용서하는 마음으로 살겠다. • **214**

(100일차) 나는 결단코 물러서지 않겠다. • **216**

부록 • **219**

1. 10단계 발성훈련
2. 젓가락 발음훈련
3. 어려운 받침발음 훈련
4. 고객감동 목소리 훈련
5. 이순신장군 한산대첩 연설문 훈련
6. 목소리 발성훈련
7. 자기신념 강화훈련
8. 자신감 향상 스피치 훈련

열정이란 무엇인가?

여러분! 안녕하십니까? 제 이름은 ○○○, ○○○입니다.
지금부터 1분 스피치를 시작하겠습니다.
오늘의 주제는 열정이란 무엇인가? 입니다.

여러분! 열정이 무엇입니까?
열정이란 우리 삶을 변화시키는 중요한 요소입니다. 우리는 열정을 통해 목표를 설정하고, 그 목표를 향해 끊임없이 나아갑니다.
열정은 목표를 향한 강한 열망입니다. 우리가 어떤 목표를 설정할 때, 그 목표를 향한 열정이 없다면 우리는 쉽게 지치고, 중도에 포기할 수 있습니다.
열정은 자신을 변화시키는 힘입니다. 열정을 가지고 무엇인가에 몰두할 때, 우리는 자신의 한계를 뛰어넘을 수 있습니다.

여러분! 열정은 우리의 삶에 있어서 없어서는 안 될 중요한 요소입니다. 여러분도 자신의 열정을 발견하고, 그 열정을 통해 자신의 목표를 이루어 나가시길 바랍니다.

이상으로 1분 스피치를 모두 마치겠습니다.
감사합니다.

열정 사례

1 월트 디즈니(Walt Disney) : 월트 디즈니는 신문사에서 만화가로 일했을 때 '상상력과 좋은 아이디어'가 부족하다는 이유로 해고당했습니다. 하지만 그는 포기하지 않고 자신의 열정을 쏟아부어 디즈니 제국을 건설했습니다.

2 알버트 아인슈타인(Albert Einstein) : 아인슈타인은 어린 시절 말을 늦게 배워서 지능이 낮다는 평가를 받았습니다. 그러나 그는 자신의 열정을 통해 물리학의 혁신적인 이론들을 제시하며 노벨상을 수상했습니다.

3 토머스 에디슨(Thomas Edison) : 에디슨은 전구를 발명하기 위해 수천 번의 실패를 겪었습니다. 그는 실패를 두려워하지 않고 끊임없이 도전하여 결국 전구를 발명했습니다.

4 오프라 윈프리(Oprah Winfrey) : 오프라는 어린 시절 가난과 성폭행을 겪었지만, 자신의 열정과 끈기로 미국 방송계에서 가장 영향력 있는 여성이 되었습니다.

5 스티브 잡스(Steve Jobs) : 스티브 잡스는 대학을 중퇴하고 여러 번의 실패를 겪었지만, 자신의 열정을 통해 애플을 세계적인 기업으로 성장시켰습니다

2일차

분노란 무엇인가?

여러분! 안녕하십니까? 제 이름은 ○○○, ○○○입니다.
지금부터 1분 스피치를 시작하겠습니다.
오늘의 주제는 분노란 무엇인가? 입니다.

여러분! 분노가 무엇입니까? 혹시 끓어오르는 분노를 느끼신 적이 있으십니까?
분노는 우리 마음속에서 일어나는 강한 감정입니다. 억울함, 좌절, 불공정함을 느낄 때 우리는 분노를 느낍니다.

하지만 통제하지 못한 분노는 칼과 같습니다. 남을 해칠 수도 있고, 나 자신을 다치게 할 수도 있습니다. 따라서 우리는 분노를 지혜롭게 다스릴 줄 알아야 합니다.

분노를 느낄 때는 먼저 자신의 감정을 STOP하세요. 그리고 깊이 숨을 쉬고, 감정을 객관적인 상태로 바라보십시오.
그리고 차분히 해결 방법을 찾으십시오. 분노를 다스릴 줄 아는 사람이야말로 진정한 강자, 장군입니다.

여러분! 분노를 지배하는 사람이 되시겠습니까? 아니면 분노에 지배당하는 사람이 되시겠습니까? 선택은 여러분의 몫입니다.

이상으로 1분 스피치를 모두 마치겠습니다.
감사합니다.

분노 사례

1 도로 분노 : 도로에서 발생하는 분노는 운전 중 다른 운전자나 보행자에 대한 분노와 공격적인 행동을 의미합니다. 도로 분노는 사고를 유발할 수 있으며, 운전자 간의 물리적인 충돌이나 싸움으로 이어질 수도 있습니다.

2 직장에서의 분노 : 직장에서의 분노는 업무 스트레스, 동료와의 갈등, 상사의 부당한 대우 등으로 인해 발생할 수 있습니다. 상사로부터 부당하게 꾸중을 받았다고 느끼고, 그에 대한 분노로 인해 업무에 집중하지 못하거나, 동료에게 화를 내는 상황입니다. 이런 경우, 감정을 조절하고, 상황을 객관적으로 바라보는 것이 필요합니다.

3 스포츠 경기에서의 분노 : 스포츠 경기에서 선수나 관중이 분노를 느끼는 경우가 종종 있습니다. 축구 선수가 심판의 판정에 불만을 가지고 격렬하게 항의하거나, 경기 중 상대 선수에게 화를 내고 몸싸움을 벌이는 상황입니다. 이러한 분노는 팀의 분위기를 해치고, 경기의 공정성을 훼손할 수 있습니다.

4 학교에서의 분노 : 학교에서 학생들이 친구나 선생님에게 부당한 대우를 받았다고 느껴 분노를 느끼는 경우도 많습니다. 이런 경우 상담 교사나 신뢰할 수 있는 성인에게 도움을 요청하고, 문제를 해결하는 것이 중요합니다.

5 가정 내 갈등으로 인한 분노 : 가정 내 갈등으로 인한 분노는 가족 구성원 간의 다툼과 스트레스의 원인이 될 수 있습니다. 부부 간의 의견 차이로 인한 다툼이나, 부모와 자녀 간의 갈등으로 인해 분노가 표출되는 상황입니다. 이러한 경우, 감정을 조절하고, 서로의 입장을 존중하며 대화를 통해 갈등을 해결하는 것이 필요합니다.

자긍심이란 무엇인가?

여러분! 안녕하십니까? 제 이름은 ○○○, ○○○입니다.
지금부터 1분 스피치를 시작하겠습니다.
오늘의 주제는 자긍심이란 무엇인가? 입니다.

여러분! 자긍심이 무엇입니까?
자긍심은 스스로에 대한 긍지와 자부심을 의미합니다. 자긍심은 자신이 걸어온 길, 노력한 과정, 그리고 성취한 결과를 인정하는 마음입니다. 자긍심이 있는 사람은 어떤 어려움이 닥쳐도 쉽게 흔들리지 않습니다. 왜냐하면 자신의 가치를 알기 때문입니다.

그러나 자긍심은 남과 비교해서 얻어지는 것이 아닙니다.
자긍심이란 우리가 남보다 뛰어나서가 아니라, 우리 스스로 최선을 다했기에 가질 수 있는 것입니다.

여러분, 자긍심은 삶의 원동력입니다. 여러분 스스로 자긍심을 가지세요! 자긍심은 누구나 가질 수 있는 감정은 아니지만, 자신을 믿고, 자신을 존중하며, 당당하게 살아가는 과정에서 우리는 더욱 강하고, 자긍심 있는 사람이 될 수 있습니다.

자긍심을 가진 당당한 사람이 되시겠습니까? 아니면 부끄럽고 나약한 사람이 되시겠습니까? 선택은 여러분의 몫입니다.

이상으로 1분 스피치를 모두 마치겠습니다.
감사합니다.

자긍심 사례

1 학업 성취로 인한 자긍심 : 학생이 열심히 공부하여 좋은 성적을 받았을 때, 자신에 대한 자긍심을 느낄 수 있습니다. 시험에서 높은 점수를 받고 상장을 수여받았을 때, 그 학생은 자신의 노력과 성취에 자부심을 느끼게 됩니다.

2 직장에서의 자긍심 : 직장인이 중요한 프로젝트를 성공적으로 완료하고, 상사나 동료들로부터 인정과 칭찬을 받을 때 자긍심을 느낄 수 있습니다. 예를 들어, 한 팀의 리더가 팀원들과 협력하여 큰 계약을 성사시켰을 때, 그 리더는 자신의 리더십과 능력에 자긍심을 가지게 됩니다.

3 예술 활동에서의 자긍심 : 예술가가 자신의 작품이 전시회에 초대되거나, 작품이 긍정적인 평가를 받을 때 자긍심을 느낄 수 있습니다. 예를 들어, 한 화가가 자신의 그림이 유명한 갤러리에 전시되고 많은 관람객으로부터 찬사를 받을 때, 그 화가는 자신의 창의성과 예술적 능력에 자부심을 느낍니다.

4 운동에서의 자긍심 : 운동선수가 경기에서 우승하거나, 개인 기록을 경신했을 때 자긍심을 느낄 수 있습니다. 마라톤 선수가 목표했던 기록을 달성하고 메달을 수여받았을 때, 그 선수는 자신의 체력과 의지에 자긍심을 가지게 됩니다.

5 봉사 활동에서의 자긍심 : 사람이 지역 사회를 위해 봉사활동을 하고, 그로 인해 지역 주민들로부터 감사와 인정을 받을 때 자긍심을 느낄 수 있습니다. 예를 들어, 한 자원봉사자가 어려운 이웃을 도와주고, 그들의 삶에 긍정적인 변화를 가져왔을 때, 그 봉사자는 자신의 선행과 사회적 기여에 자부심을 가지게 됩니다.

경탄이란 무엇인가?

여러분! 안녕하십니까? 제 이름은 ○○○, ○○○입니다.
지금부터 1분 스피치를 시작하겠습니다.
오늘의 주제는 경탄이란 무엇인가? 입니다.

여러분! 경탄이 무엇입니까?
경탄은 우리가 어떤 대단한 것, 아름다운 것, 혹은 놀라운 것에 대해 느끼는 강한 감정입니다.

경탄은 우리의 마음을 움직이고, 우리의 시각을 넓히며, 세상을 더욱 깊이 이해하게 만드는 감정입니다.
경탄은 단순히 놀라움 이상의 감정으로, 우리가 삶에서 발견하는 아름다움과 경이로움을 의미합니다.

우리는 자연의 장엄함, 예술 작품의 아름다움, 인간의 뛰어난 성취 등을 통해 경탄을 느낄 수 있습니다. 경탄은 우리가 일상에서 벗어나, 더 큰 세상을 바라보게 하는 힘을 가지고 있습니다.

여러분! 경탄의 감정은 우리의 삶을 풍요롭게 하고, 우리가 세상을 새롭게 바라볼 수 있게 만듭니다. 여러분도 일상 속에서 경탄의 감정을 자주 표현하며, 삶의 아름다움을 발견하시길 바랍니다.

이상으로 1분 스피치를 모두 마치겠습니다.
감사합니다.

경탄 사례

1 자연의 경이로움 : 우리는 광대한 대자연의 아름다움을 마주할 때 경탄을 느낄 수 있습니다. 예를 들어, 한 등산객이 해가 뜨는 설산을 바라볼 때, 그 장엄함과 아름다움에 경탄을 느낍니다.

2 인류의 업적 : 우리는 인류가 이룩한 위대한 성취를 통해 경탄을 느낄 수 있습니다. 예를 들어, 한 과학자가 우주 탐사를 성공적으로 마치고, 새로운 행성을 발견했을 때, 우리는 그들의 업적에 경탄을 느낍니다.

3 예술의 아름다움 : 우리는 예술 작품을 감상할 때도 경탄을 느낄 수 있습니다. 예를 들어, 한 미술 애호가가 박물관에서 위대한 화가의 작품을 바라볼 때, 그 예술적 표현과 창의성에 경탄을 느낍니다.

4 인간의 용기 : 우리는 어려운 상황에서도 용기를 내어 극복할 때 경탄을 느낄 수 있습니다. 예를 들어, 한 생존자가 자연 재해에서 살아남고, 다른 사람들을 도우며 극복해 나가는 모습을 볼 때, 우리는 그들의 용기와 강인함에 경탄을 느낍니다. 이러한 용기는 우리에게 큰 영감을 줍니다.

5 일상 속의 소소한 경이로움 : 우리의 일상 속에서도 경탄을 느낄 수 있는 순간이 있습니다. 예를 들어, 한 아이가 첫 걸음을 떼는 모습을 바라보거나, 사랑하는 사람과의 소중한 순간을 경험할 때, 우리는 그 소소한 경이로움에 경탄을 느낍니다. 일상 속의 작은 순간들이 우리에게 큰 행복과 의미를 선사합니다.

경쟁심이란 무엇인가?

여러분! 안녕하십니까? 제 이름은 ○○○, ○○○입니다.
지금부터 1분 스피치를 시작하겠습니다.
오늘의 주제는 경쟁심이란 무엇인가? 입니다.

여러분! 경쟁심이 무엇입니까?
경쟁심은 다른 사람과의 경쟁에서 이기고자 하는 강한 욕구와 열망을 의미합니다. 경쟁심은 더 나은 내가 되기 위해 스스로를 자극하는 힘입니다.

경쟁심은 목표를 이루기 위해 노력하고, 성장하려는 의지를 불태우는 원동력이 됩니다. 올바른 경쟁심은 우리를 발전하게 만들고 스스로의 한계를 뛰어넘게 합니다. 하지만 경쟁심이 지나치면 남을 이기기 위해 비겁한 방법을 쓰게 되고 결국 자신을 잃게 됩니다. 건강한 경쟁은 나 자신과의 싸움입니다. 어제의 나보다 오늘 더 나아지기 위해 노력하는 것, 그것이 진정한 경쟁심입니다.

여러분, 경쟁의 대상은 남이 아니라 바로 나 자신입니다.
경쟁의 감정은 스스로의 삶을 강하게 풍요롭게 만듭니다.
여러분도 가슴속에 경쟁과 존경의 감정을 가지며 스스로를 이겨내고 성장하는 멋진 사람이 되길 바랍니다.

이상으로 1분 스피치를 모두 마치겠습니다.
감사합니다.

경쟁심 사례

1 학업에서의 경쟁심: 학생들이 높은 성적을 받기 위해 서로 경쟁할 때, 경쟁심을 느낄 수 있습니다. 이러한 경쟁심은 학생들이 더 높은 목표를 설정하고, 자신의 잠재력을 최대한 발휘하도록 도와줍니다.

2 스포츠 경기에서의 경쟁심 : 스포츠 경기에서는 선수들이 승리를 위해 서로 경쟁할 때 경쟁심을 느낄 수 있습니다. 이러한 경쟁심은 선수들이 최고의 기량을 발휘하도록 자극하고, 팀의 단합력을 높이는 데 기여합니다.

3 직장에서의 경쟁심 : 직장에서 직원들이 승진이나 보너스를 받기 위해 서로 경쟁할 때, 경쟁심을 느낄 수 있습니다. 이러한 경쟁심은 직원들이 더 높은 성과를 내기 위해 노력하고, 회사의 발전에 기여하게 만듭니다.

4 비즈니스에서의 경쟁심 : 기업 간에 시장 점유율을 높이기 위해 경쟁할 때, 경쟁심을 느낄 수 있습니다. 이러한 경쟁심은 기업이 혁신적인 제품과 서비스를 개발하도록 자극하고, 소비자에게 더 나은 선택을 제공하게 만듭니다.

5 예술 분야에서의 경쟁심 : 예술가들이 자신의 작품을 인정받기 위해 서로 경쟁할 때, 경쟁심을 느낄 수 있습니다. 이러한 경쟁심은 예술가들이 창의력을 발휘하고, 더 높은 수준의 예술 작품을 만들어내도록 도와줍니다.

야심이란 무엇인가?

여러분! 안녕하십니까? 제 이름은 ○○○, ○○○입니다.
지금부터 1분 스피치를 시작하겠습니다.
오늘의 주제는 야심이란 무엇인가? 입니다.

여러분! 야심이 무엇인가요?
야심이란 단순한 욕망이 아니라 자신이 원하는 목표나 꿈을 이루기 위해 끊임없이 노력하고 도전하는 열정과 의지를 말합니다.

야심은 우리를 더 나은 사람으로 만들고, 어려움과 좌절을 극복하는 데 도움을 줍니다. 야심을 가진 사람은 현실에 안주하지 않고 끊임없이 자신을 발전시키고, 새로운 도전을 두려워하지 않습니다.

야심은 우리가 어려움에 직면했을 때 포기하지 않도록 도와줍니다. 실패는 성공으로 가는 과정 중 하나일 뿐이며, 야심을 가진 사람은 이러한 실패를 딛고 일어설 힘을 가집니다.

여러분! 우리도 각자의 꿈을 향해 야심을 품고 노력해야 합니다. 여러분의 야심은 무엇입니까? 자신의 꿈과 목표를 향해 끊임없이 도전하는 야심을 가지시길 바랍니다.

이상으로 1분 스피치를 모두 마치겠습니다.
감사합니다.

야심 사례

1 일론 머스크 : SpaceX, Tesla, Neuralink 등 여러 혁신적인 회사를 창립하고 운영하며 우주 탐사 및 전기차 산업에 큰 변화를 가져왔습니다.

2 말라라 유사프자이 : 탈레반의 위협을 무릅쓰고 여자아이들의 교육을 위해 목소리를 높였으며, 최연소 노벨 평화상 수상자가 되었습니다.

3 스티브 잡스 : Apple의 공동 창립자로서 iPhone, iPad와 같은 혁신적인 제품을 개발하며 기술 산업에 큰 영향을 미쳤습니다.

4 마틴 루터 킹 주니어 : 인종차별을 철폐하고자 한 평화적 시민권 운동의 지도자로, 유명한 "I Have a Dream" 연설을 통해 사회에 큰 변화를 일으켰습니다.

5 마리 퀴리 : 방사능 연구를 통해 두 차례 노벨상을 수상하며 과학 발전에 크게 기여한 여성 과학자입니다.

7일차

사랑이란 무엇인가?

여러분! 안녕하십니까? 제 이름은 ○○○, ○○○입니다.
지금부터 1분 스피치를 시작하겠습니다.
오늘의 주제는 사랑이란 무엇인가? 입니다.

여러분! 사랑이 무엇인가요?
사랑은 인간이 경험할 수 있는 가장 강력하고 깊은 감정 중 하나입니다. 사랑은 누군가를 위해 아끼고 배려하고 희생할 수 있는 힘입니다.

사랑은 우리의 삶을 풍요롭게 하고, 기쁨과 위안을 주며, 서로를 연결하는 힘이 됩니다. 사랑은 단순히 누군가에게 끌리는 감정이 아니라, 깊은 이해와 존중, 그리고 배려에서 비롯되는 것입니다.

사랑은 우리에게 용기를 주고, 어려움을 이겨내게 하며, 우리가 더 나은 사람이 되도록 만들어 줍니다.
사랑은 따뜻한 미소, 진심 어린 말 한마디, 그리고 도움의 손길이 사랑을 표현하는 방법입니다.

여러분! 사랑은 받을 때보다 베풀 때 더 큰 기쁨이 됩니다. 우리 함께 사랑이 넘치는 세상을 만들어 갑시다.

이상으로 1분 스피치를 모두 마치겠습니다.
감사합니다.

사랑 사례

1 오드리 햅번과 인도주의 활동 : 영화배우 오드리 햅번은 자신의 명성을 바탕으로 유니세프 대사로 활동하며 전 세계 어린이들의 복지와 교육을 위해 헌신했습니다. 그녀의 사랑은 인류애를 실천하는 모습으로 감동을 주었습니다.

2 제인 구달과 침팬지 : 제인 구달은 침팬지 연구를 통해 이 동물들과의 깊은 유대감을 형성하였으며, 그녀의 연구는 동물 보호 및 보존에 큰 기여를 했습니다. 그녀의 사랑은 동물들에게도 감동을 주었습니다.

3 테레사 수녀와 빈곤층 지원 : 테레사 수녀는 평생을 가난하고 병든 사람들을 위해 봉사하며 사랑을 실천하였습니다. 그녀의 헌신적인 사랑은 많은 사람들에게 희망을 주었고, 노벨 평화상을 수상하게 되었습니다.

4 지미 카터 전 대통령과 평화 활동 : 지미 카터 전 미국 대통령은 퇴임 후에도 평화와 인권을 위해 지속적으로 활동하며, 많은 사람들에게 감동을 주었습니다. 그의 사랑은 국민들에게 감동을 주었고, 지금도 많은 사람들의 기억 속에 남아 있습니다.

5 헬렌 켈러와 앤 설리번 : 헬렌 켈러는 시각과 청각 장애를 극복하고 성공한 작가이자 강연자가 되었습니다. 그녀를 도와준 앤 설리번 선생님의 사랑과 헌신은 헬렌 켈러의 성장을 도왔고, 이 둘의 우정은 많은 사람들에게 큰 감동을 주었습니다.

당당함이란 무엇인가?

여러분! 안녕하십니까? 제 이름은 ○○○, ○○○입니다.
지금부터 1분 스피치를 시작하겠습니다.
오늘의 주제는 당당함이란 무엇인가? 입니다.

여러분! 당당함이 무엇인가요?
당당함이란 자신을 믿고 자신감 있게 행동하는 태도를 말합니다.

당당함은 우리를 더욱 강하고 자신감 있는 사람으로 만들어줍니다. 당당한 사람은 자신의 의견을 솔직하게 말하고, 자신의 꿈을 향해 당당하게 나아갑니다.

당당함은 우리에게 자신감을 주고, 어려운 상황에서도 흔들리지 않게 도와줍니다.

또한, 당당한 태도는 다른 사람들에게도 긍정적인 영향을 미쳐, 우리 모두를 더 나은 사람으로 만들어줍니다.

여러분! 여러분은 충분히 가치있는 사람입니다. 자신을 믿고, 자신감 있게 행동하는 당당한 사람이 되시길 바랍니다.

이상으로 1분 스피치를 모두 마치겠습니다.
감사합니다.

당당함 사례

1 말랄라 유사프자이 : 탈레반의 위협에도 불구하고 여성 교육의 중요성을 외치며 세계적으로 주목받은 인권운동가입니다. 그녀의 용기와 당당함은 많은 사람들에게 영감을 주었습니다.

2 넬슨 만델라 : 남아프리카 공화국의 인종차별 철폐를 위해 싸운 정치가로, 감옥에서 27년을 보내고도 복수보다는 화해를 선택하며 국가의 화합을 이끌었습니다. 그의 당당한 태도는 전 세계에 큰 영향을 미쳤습니다.

3 로자 파크스 : 미국의 흑인 여성 인권 운동가로, 백인 전용 버스 좌석에 앉아 있던 그녀가 체포된 사건은 미국의 시민권 운동을 촉발시켰습니다. 그녀의 당당한 행동은 차별에 맞서는 용기의 상징이 되었습니다.

4 엘리자베스 1세 : 영국의 여왕으로서 남성 중심의 사회에서 뛰어난 지도력을 발휘하며 영국을 번영시켰습니다. 그녀의 당당한 리더십은 많은 사람들에게 영감을 주었습니다.

5 알렉산드라 오카시오 코르테즈 : 미국의 정치가로, 젊은 나이에 국회의원으로 당선되어 다양한 사회 문제에 대해 당당히 목소리를 내고 있습니다. 그녀의 당당함은 많은 청년들에게 희망과 영감을 주고 있습니다.

탐욕이란 무엇인가?

여러분! 안녕하십니까? 제 이름은 ○○○, ○○○입니다.
지금부터 1분 스피치를 시작하겠습니다.
오늘의 주제는 탐욕이란 무엇인가? 입니다.

여러분! 탐욕이 무엇인가요?
탐욕이란 자신의 욕망을 채우기 위해 지나치게 많은 것을 원하고 추구하는 태도를 말합니다.

탐욕은 돈, 권력, 명예 등 다양한 형태로 나타날 수 있으며, 타인의 권리를 침해하거나 사회의 조화를 깨뜨릴 수 있습니다. 탐욕은 개인뿐만 아니라 사회 전체에 부정적인 영향을 미칠 수 있습니다.

탐욕은 우리의 마음을 어지럽히고, 만족할 줄 모르게 만듭니다. 우리가 더 많은 것을 원할수록 행복은 멀어지고, 결국 불행과 갈등을 초래하게 됩니다.
탐욕의 끝에는 만족이 아닌 공허함이 기다리고 있습니다.

여러분! 우리는 탐욕을 경계하고, 절제와 나눔의 가치를 소중히 여겨야 합니다. 서로를 배려하고 공존하는 사회를 만들어 나가는 것이야말로 진정한 행복의 길이라고 생각합니다.

이상으로 1분 스피치를 모두 마치겠습니다.
감사합니다.

탐욕 사례

1 파나마 페이퍼스 사건 : 2016년에 공개된 파나마 페이퍼스는 전 세계 고위층 인사들이 조세 회피를 목적으로 사용한 비밀 계좌와 쉘 회사를 폭로한 사건입니다. 많은 정치인과 유명인들이 자신들의 재산을 숨기기 위해 이러한 방법을 사용한 것으로 드러났습니다.

2 2008년 글로벌 금융 위기 : 많은 대형 금융 기관이 높은 수익을 추구하면서 과도한 위험을 감수해 금융 위기를 초래했습니다. 탐욕이 금융 시장의 불안정을 야기한 주요 원인 중 하나로 지목되었습니다.

3 환경 파괴 : 많은 기업이 이윤을 극대화하기 위해 환경 보호 규정을 무시하고, 대규모 산림 벌채, 해양 오염 등을 야기했습니다. 예를 들어, 아마존 열대 우림 파괴는 전 세계적으로 큰 환경 문제로 대두되었습니다.

4 부패 : 정부와 기업 간의 부패는 탐욕의 대표적인 예입니다. 예를 들어, 브라질의 페트로브라스 부패 스캔들은 여러 기업과 정치인들이 연루된 대규모 부패 사건으로, 국가 경제와 정치에 큰 영향을 미쳤습니다.

5 약물 가격 인상 : 일부 제약 회사들은 필요 이상의 이윤을 추구하며 약물 가격을 크게 인상했습니다. 예를 들어, 미국의 한 제약 회사는 HIV 치료제의 가격을 단기간에 수백 배로 인상한 사례가 있습니다.

반감이란 무엇인가?

여러분! 안녕하십니까? 제 이름은 ○○○, ○○○입니다.
지금부터 1분 스피치를 시작하겠습니다.
오늘의 주제는 반감이란 무엇인가? 입니다.

여러분! 반감이 무엇인가요?
반감이란 어떤 사람, 사물, 상황에 대해 거부하거나 싫어하는 감정을 말합니다. 반감은 부정적인 경험이나 편견에서 비롯될 수 있으며, 종종 갈등과 분쟁의 원인이 됩니다.

반감은 자연스러운 감정일 수 있지만, 우리가 그것을 극복하지 못한다면 사회적인 문제를 초래할 수 있습니다.

반감을 줄이고 서로를 이해하려는 노력은 우리 모두에게 중요합니다. 서로 다른 의견을 존중하고, 열린 마음으로 대화를 나누는 것이 필요합니다.

여러분! 반감을 극복하는 것은 결코 쉽지가 않습니다. 하지만, 반감을 스스로 극복하는 과정에서 우리는 더 나은 사람이 될 수 있습니다. 우리의 사회가 더욱 화합하고 발전하기 위해서는 반감을 줄이고 서로를 존중하는 태도가 필요하다고 생각합니다.

이상으로 1분 스피치를 모두 마치겠습니다.
감사합니다.

반감 사례

1 직장 내 부당한 대우 : 많은 사람이 직장에서 부당한 대우를 받으면 반감을 느낍니다. 예를 들어, 동료들 사이에서 공정하지 않은 승진이나 임금 차별이 있을 때 반감이 생길 수 있습니다.

2 정치적 부패 : 정치인들이 권력을 남용하거나 부패 사건에 연루될 때, 국민은 강한 반감을 느낄 수 있습니다. 이는 공정성과 투명성을 기대하는 사회적 가치에 반하는 행동으로 여겨지기 때문입니다.

3 차별 : 성별, 인종, 종교, 성적 지향 등에 따른 차별은 반감을 일으킵니다. 예를 들어, 특정 그룹에 대한 불공정한 대우나 발언은 많은 사람에게 반감을 유발할 수 있습니다.

4 무례한 행동 : 일상생활에서 무례하거나 예의 없는 행동은 즉각적인 반감을 불러일으킬 수 있습니다. 예를 들어, 줄을 서지 않고 새치기를 하거나, 타인의 공간을 침범하는 행동이 이에 해당합니다.

5 광고 과다 : 일부 사람들은 인터넷이나 TV에서 과도한 광고를 볼 때 반감을 느낄 수 있습니다. 이러한 광고들은 사용자 경험을 방해하고, 때로는 원하지 않는 제품이나 서비스를 강요하는 듯한 느낌을 줄 수 있습니다.

11일차

박애란 무엇인가?

여러분! 안녕하십니까? 제 이름은 ○○○, ○○○입니다.
지금부터 1분 스피치를 시작하겠습니다.
오늘의 주제는 박애란 무엇인가? 입니다.

여러분! 박애가 무엇인가요?
박애란 단순히 타인을 돕는 것을 넘어서 모든 사람을 사랑하고 그들의 복지를 위해 노력하는 태도와 행위를 의미합니다.

박애는 인류애와 공감, 그리고 타인에 대한 배려에서 비롯되며 우리의 사회를 더욱 따뜻하고 인간적인 곳으로 만들 수 있습니다.

박애는 이웃에 대한 사랑과 헌신에서 시작될 수 있습니다.
어려움에 처한 이웃을 돕고, 주변 사람들에게 친절을 베풀며, 사회적 약자를 배려하는 행동들이 바로 박애의 실천입니다.

여러분! 우리는 박애를 통해 서로를 이해하고, 더 나은 사회를 만들어 나갈 수 있습니다.

여러분도 일상 속에서 박애를 실천하며, 사랑과 공감으로 가득 찬 세상을 함께 만들어 보시기 바랍니다.

이상으로 1분 스피치를 모두 마치겠습니다.
감사합니다.

박애 사례

1 마더 테레사 : 마더 테레사는 인도의 캘커타에서 빈민과 병든 사람들을 위해 헌신하며 살아갔습니다. 그녀의 박애정신은 전 세계적으로 알려져 있으며, 노벨 평화상을 수상하기도 했습니다.

2 알버트 슈바이처 : 알버트 슈바이처는 아프리카 가봉에서 병원을 설립하고, 평생동안 그곳에서 환자들을 돌보며 인류애를 실천한 의사이자 신학자입니다. 그는 노벨 평화상을 수상하며 그의 박애정신을 인정받았습니다.

3 오프라 윈프리 : 미국의 유명한 방송인 오프라 윈프리는 오프라 윈프리 재단을 통해 교육, 건강, 여성 권리 증진 등을 위해 많은 기부와 봉사 활동을 하고 있습니다. 그녀의 박애정신은 많은 사람들에게 영감을 주고 있습니다.

4 빌 게이츠와 멜린다 프렌치 게이츠 : 빌 게이츠와 멜린다 프렌치 게이츠는 빌 앤 멜린다 게이츠 재단을 통해 전 세계의 질병 퇴치, 교육 기회 제공, 빈곤 감소 등을 위해 막대한 자금을 기부하며 박애정신을 실천하고 있습니다.

5 지미 카터 전 미국 대통령 : 지미 카터 전 미국 대통령은 퇴임 후 카터 센터를 설립하여 전 세계의 인권 보호, 질병 퇴치, 민주주의 증진 등을 위해 노력하고 있습니다. 그의 박애정신은 많은 사람에게 큰 감동을 주고 있습니다.

연민이란 무엇인가?

여러분! 안녕하십니까? 제 이름은 ○○○, ○○○입니다.
지금부터 1분 스피치를 시작하겠습니다.
오늘의 주제는 연민이란 무엇인가? 입니다.

여러분! 연민이 무엇인가요?
연민이란 다른 사람의 고통이나 어려움을 이해하고, 그들에게 따뜻한 마음과 도움의 손길을 내미는 감정을 말합니다.

연민은 인간의 가장 아름답고 중요한 감정 중 하나입니다.
연민은 우리를 서로 연결하고, 더 나은 사회를 만들어 줍니다.

연민은 우리에게 타인의 아픔을 공감하게 하고, 그들에게 실질적인 도움을 제공할 수 있게 합니다.
연민의 감정은 작은 행동에서 시작될 수 있습니다. 어려움에 처한 사람에게 친절한 말 한마디, 따뜻한 미소, 그리고 도움의 손길이 바로 연민의 실천입니다.

여러분! 연민의 감정은 우리사회를 더욱 따뜻하고 인간적인 곳으로 만들 것입니다. 여러분도 일상 속에서 연민을 실천하며, 주변 사람들에게 따뜻한 마음을 전해주시기 바랍니다.

이상으로 1분 스피치를 모두 마치겠습니다.
감사합니다.

연민 사례

1 세인트 쥬드 어린이 연구 병원 : 미국의 배우 대니 토머스가 설립한 이 병원은 소아암과 다른 치명적인 질병을 앓고 있는 어린이들에게 무료 치료를 제공하고 있습니다. 그의 연민은 병원 설립 후에도 많은 사람들에게 영감을 주었으며, 수많은 어린이들의 생명을 구했습니다.

2 빈곤층을 위한 프레드릭 올림픽 : 미국의 경제학자 프레드릭 올림픽은 빈곤층을 위한 금융 교육 프로그램을 개발하여 많은 사람에게 경제적 독립을 제공했습니다. 그의 연민은 가난한 사람들에게 실질적인 도움을 주었고, 많은 이에게 희망을 주었습니다.

3 에바 페론 : 아르헨티나의 전 영부인 에바 페론은 가난한 사람들과 노동자들을 위해 많은 사회복지 프로그램을 시행했습니다. 그녀의 연민은 많은 사람에게 큰 힘이 되었으며, 지금도 많은 이에게 존경받고 있습니다.

4 지미 웨일스 : 위키피디아의 공동 창립자인 지미 웨일스는 전 세계 사람들이 무료로 지식을 공유할 수 있도록 플랫폼을 만들었습니다. 그의 연민은 교육의 기회를 널리 제공하여 많은 사람의 삶에 긍정적인 영향을 미쳤습니다.

5 제인 애덤스 : 제인 애덤스는 미국의 사회 개혁가로, 헐 하우스를 설립하여 빈곤층과 이민자들을 위한 다양한 지원 프로그램을 운영했습니다. 그녀의 연민은 많은 사람의 삶을 변화시키고, 사회적 약자들에게 큰 희망을 주었습니다.

회한이란 무엇인가?

여러분! 안녕하십니까? 제 이름은 ○○○, ○○○입니다.
지금부터 1분 스피치를 시작하겠습니다.
오늘의 주제는 회한이란 무엇인가? 입니다.

여러분! 회한이 무엇인가요?
회한이란 과거에 저지른 잘못이나 실수, 선택에 대해 깊은 후회와 자책감을 느끼는 감정을 말합니다.

회한의 감정은 자신이 다른 선택을 했다면 더 나은 결과를 얻을 수 있었을 것이라는 생각에서 비롯되며, 우리에게 깊은 성찰의 기회를 제공합니다.

회한은 우리를 성장시키고, 더 나은 사람이 되도록 도와줄 수 있습니다. 하지만 과거의 실수를 통해 배우고, 같은 잘못을 반복하지 않도록 하는 것이 중요합니다.
따라서 회한의 감정에 너무 빠져들어 현재의 성장기회를 놓치지 않도록 주의해야 합니다.

여러분! 여러분도 과거의 회한을 통해 배우고, 더 나은 미래를 만들어 함께 성장해 가시길 바랍니다.

이상으로 1분 스피치를 모두 마치겠습니다.
감사합니다.

회한 사례

1 앤드류 카네기 : 철강 재벌이었던 앤드류 카네기는 자신의 부를 축적하는 동안 자선 활동에 소홀했던 것을 후회하게 되었습니다. 나중에 그는 자신의 재산 대부분을 도서관, 교육 기관, 자선 단체에 기부하며 사회에 환원하는 삶을 살았습니다. 그의 회한은 결국 많은 사람에게 긍정적인 영향을 미쳤습니다.

2 채드윅 보즈먼 : 할리우드 배우 채드윅 보즈먼은 자신이 암 투병 중이었음을 팬들에게 알리지 않고 영화 촬영을 이어갔습니다. 나중에 그의 용기와 헌신이 알려지면서 많은 사람이 감동을 받았고, 그의 회한 없는 삶은 사람들에게 큰 울림을 주었습니다.

3 넬슨 만델라 : 남아프리카 공화국의 인종차별 반대 운동가였던 닐슨 만델라는 감옥에 갇힌 동안 젊은 시절 자신의 가족과 더 많은 시간을 보내지 못한 것을 후회했습니다. 하지만 그는 이 회한을 자신의 성장과 인종차별 철폐를 위한 강한 의지로 바꾸어 나갔습니다.

4 오프라 윈프리 : 오프라 윈프리는 어린 시절 겪은 트라우마와 어려운 가정 환경에 대한 회한이 있었습니다. 그러나 그녀는 이를 극복하고 성공적인 방송인이 되어 많은 사람에게 희망과 영감을 주었습니다. 그녀의 회한은 그녀를 더 강하고 동정심 깊은 사람으로 만들었습니다.

5 조지 해리슨 : 비틀즈의 멤버였던 조지 해리슨은 자신의 음악 경력 동안 일부 사람들과의 관계를 제대로 유지하지 못한 것을 후회했습니다. 그는 나중에 자신의 회한을 반성하며, 평화와 사랑의 메시지를 음악에 담아 전달하려 노력했습니다.

14일차

당황이란 무엇인가?

여러분! 안녕하십니까? 제 이름은 ○○○, ○○○입니다.
지금부터 1분 스피치를 시작하겠습니다.
오늘의 주제는 당황이란 무엇인가? 입니다.

여러분! 당황이 무엇인가요?
당황이란 예기치 않은 상황이나 갑작스러운 변화를 맞이했을 때, 어떻게 반응해야 할지 몰라 혼란스럽고 불안한 감정을 느끼는 상태를 말합니다.

당황의 감정은 우리가 예상치 못한 일에 직면했을 때 누구나 경험할 수 있는 자연스러운 감정이며, 이를 어떻게 극복하고 잘 대처할 것인가 하는 것이 중요합니다. 당황한 순간에는 깊은 숨을 쉬고, 침착하게 상황을 파악하며, 차근차근 해결책을 찾아 나가는 것이 중요합니다.

여러분! 우리는 당황스러운 상황에서도 차분하게 대처할 수 있는 능력을 키워야 합니다. 이러한 능력은 우리의 자신감을 높이고, 더 나은 결과를 가져올 수 있습니다.
여러분도 당황스러운 순간에 침착하게 대처하며, 상황을 잘 해결해 나가시길 바랍니다.

이상으로 1분 스피치를 모두 마치겠습니다.
감사합니다.

당황 사례

1 엘런 디제너러스와 오스카상 실수 : 코미디언 엘런 디제너러스는 오스카상 시상식에서 사회를 보던 중 할리우드 유명 배우들이 들어간 셀카를 찍었습니다. 사진을 찍는 과정에서 살짝 혼란스러운 상황이 발생했지만, 엘런은 유머와 재치로 상황을 잘 대처하며 관객들의 웃음을 자아냈습니다.

2 스티브 하비와 미스 유니버스 실수 : 스티브 하비는 2015년 미스 유니버스 대회에서 우승자를 잘못 발표하는 실수를 저질렀습니다. 그는 바로 자신의 실수를 인정하고, 잘못된 발표를 정정하며 진정한 우승자를 발표했습니다.

3 제니퍼 로렌스와 아카데미 시상식에서의 넘어짐 : 제니퍼 로렌스는 아카데미 시상식에서 여우주연상을 수상하러 올라가는 중 계단에서 넘어졌습니다. 그녀는 당황스러운 상황에서도 웃음을 잃지 않고 수상 소감을 이어갔습니다.

4 토니 블레어와 인터뷰 중의 실수 : 영국의 전 총리 토니 블레어는 중요한 인터뷰 중 질문을 잘못 이해하고 엉뚱한 대답을 한 적이 있습니다. 그는 바로 실수를 인정하고 유머를 섞어 다시 답변을 이어갔습니다. 그의 빠른 대처와 솔직한 태도는 인터뷰를 성공적으로 마무리하게 했습니다.

5 톰 크루즈와 유명한 소파 점프 사건 : 톰 크루즈는 오프라 윈프리 쇼에서 자신의 사랑을 표현하기 위해 소파 위에서 점프를 한 사건으로 당황스러운 상황에 처하게 되었습니다. 그는 이후 이 상황을 유머와 진정성 있는 자세로 풀어나가며 대중의 시선을 다시 긍정적으로 돌릴 수 있었습니다.

멘붕이란 무엇인가?

여러분! 안녕하십니까? 제 이름은 ○○○, ○○○입니다.
지금부터 1분 스피치를 시작하겠습니다.
오늘의 주제는 멘붕이란 무엇인가? 입니다.

여러분! 멘붕이 무엇인가요?
멘붕이란 갑작스러운 상황이나 예상치 못한 일로 인해 정신이 혼란스러워지고, 생각이 정리되지 않는 상태를 말합니다.

멘붕의 감정은 누구나 경험할 수 있는 감정이며, 매우 자연스러운 반응입니다. 멘붕을 경험할 때 우리는 순간적으로 당황하고 불안해질 수 있습니다.
하지만 중요한 것은 이러한 상황에서도 멘붕을 침착하게 잘 대처하는 것입니다. 먼저 깊게 숨을 쉬고, 상황을 차분하게 파악하며, 단계별로 해결책을 찾아가는 것이 중요합니다.

여러분! 멘붕은 일시적인 상태이므로, 이를 극복하고 다시 평정을 찾기 위해 노력해야 합니다. 여러분은 할 수 있습니다.

여러분도 멘붕의 순간을 잘 극복하여, 어려운 상황에서도 자신을 잃지 않고 잘 대처하시길 바랍니다.

이상으로 1분 스피치를 모두 마치겠습니다.
감사합니다.

멘붕 사례

1. **토머스 에디슨과 전구 발명** : 토머스 에디슨은 전구를 발명하기까지 수많은 실패를 경험했습니다. 그는 "나는 실패한 것이 아니라, 전구가 작동하지 않는 10,000가지 방법을 찾은 것"이라며 멘붕을 극복하고 결국 성공적인 발명을 이루었습니다.

2. **스티브 잡스와 애플** : 스티브 잡스는 애플에서 해고된 후 큰 충격을 받았습니다. 하지만 그는 이를 계기로 넥스트와 픽사를 설립하고, 다시 애플로 복귀하여 혁신적인 제품들을 선보이며 멘붕을 극복하고 성공을 거두었습니다.

3. **J.K. 롤링과 해리포터 시리즈** : J.K. 롤링은 해리포터 시리즈를 출판하려고 여러 출판사에 원고를 보냈지만, 모두 거절당했습니다. 하지만 그녀는 포기하지 않고 계속 도전하여 결국 해리포터 시리즈를 출판, 전 세계적인 성공을 거두었습니다.

4. **일론 머스크와 스페이스X** : 일론 머스크는 스페이스X의 초기 발사 실패로 큰 멘붕을 겪었지만, 포기하지 않고 계속해서 시도하여 결국 성공적인 우주 발사를 이루었습니다. 그의 끈기와 도전 정신은 많은 이들에게 영감을 주었습니다.

5. **벤저민 프랭클린과 연 연구** : 벤저민 프랭클린은 연을 이용한 전기 실험 도중 여러 번 실패를 경험했습니다. 하지만 그는 멘붕을 극복하고 계속해서 실험을 진행하여 결국 전기의 본질을 밝히는 데 성공했습니다.

경멸이란 무엇인가?

여러분! 안녕하십니까? 제 이름은 ○○○, ○○○입니다.
지금부터 1분 스피치를 시작하겠습니다.
오늘의 주제는 경멸이란 무엇인가? 입니다.

여러분! 경멸이 무엇인가요?
경멸이란 특정 대상에 대해 극도로 부정적이고 비하하는 감정을 느끼는 상태를 말합니다. 경멸의 감정은 대상이 존경이나 신뢰를 받을 가치가 없다고 판단될 때 발생하며, 경멸은 개인 간의 관계를 손상시키고 사회적인 갈등을 유발할 수 있습니다.

경멸은 인간관계에 부정적인 영향을 미치며, 서로 간의 신뢰를 깨뜨리고 갈등을 유발할 수 있습니다.
경멸의 감정은 우리가 다른 사람을 이해하고 존중하는 데 큰 장애물이 됩니다. 따라서 우리는 경멸을 극복하고, 타인을 존중하고 이해하려는 노력이 필요합니다.

여러분! 경멸의 감정은 누구에게나 쉽게 생길 수 있지만, 이를 극복하고 건강한 인간관계를 유지하는 것이 중요합니다. 여러분도 경멸 대신 이해와 존중을 바탕으로 원만한 관계를 형성해 나가시길 바랍니다.

이상으로 1분 스피치를 모두 마치겠습니다.
감사합니다.

경멸 사례

1 스티브 잡스와 빌 게이츠 : 초기에 스티브 잡스와 빌 게이츠 사이에는 경쟁과 갈등이 있었습니다. 두 사람은 서로를 비난하며 경멸의 감정을 드러내기도 했습니다. 하지만 시간이 지나면서 그들은 서로의 업적을 인정하고 존중하며 경멸을 극복했습니다.

2 말라라 유사프자이와 탈레반 : 말라라는 탈레반으로부터 경멸과 위협을 받았지만, 그녀는 교육의 중요성을 외치며 싸움을 이어갔습니다. 결국 그녀는 전 세계적으로 인정받는 인권 운동가가 되었습니다.

3 넬슨 만델라와 인종차별주의자 : 넬슨 만델라는 인종차별주의자들로부터 경멸을 받았지만, 그는 용기와 인내로 이를 극복하고 남아프리카 공화국의 인종차별을 철폐하는 데 큰 기여를 했습니다.

4 로자 파크스와 인종차별 : 로자 파크스는 버스 좌석에서 인종차별을 겪었지만, 그녀의 용감한 행동은 시민권 운동의 중요한 계기가 되었습니다. 그녀는 경멸을 극복하고 인종 평등을 위한 싸움에서 큰 역할을 했습니다.

5 나가사키와 히로시마 원자폭탄 생존자들 : 원자폭탄 생존자들은 전쟁의 참혹함과 경멸을 겪었지만, 그들은 평화를 위한 메시지를 전하며 서로에 대한 경멸을 극복하려는 노력을 해왔습니다.

잔혹함이란 무엇인가?

여러분! 안녕하십니까? 제 이름은 ○○○, ○○○입니다.
지금부터 1분 스피치를 시작하겠습니다.
오늘의 주제는 잔혹함이란 무엇인가? 입니다.

여러분! 잔혹함이 무엇인가요?
잔혹함이란 다른 사람이나 생명체에게 고통을 가하고, 그 고통을 즐기거나 무시하는 비정상적인 태도를 말합니다. 잔혹함은 인간의 가장 어두운 감정 중 하나로, 사회와 개인 간의 신뢰와 안전을 무너뜨릴 수 있습니다. 잔혹함은 우리 사회에서 반드시 억제되어야 할 감정입니다.

잔혹함은 단순한 무관심이나 비판을 넘어서는 행동입니다. 잔혹함은 타인에게 고의적으로 해를 가하며, 그 과정에서 나타나는 무자비와 무감각을 포함합니다. 잔혹함은 폭력, 학대, 전쟁 등 다양한 형태로 나타날 수 있으며, 우리는 절대로 잔혹함을 용납해서는 안 됩니다.

여러분! 우리는 잔혹함을 막기 위해 서로를 존중하고 이해하는 태도를 가져야 합니다. 타인의 고통에 공감하고, 도움의 손길을 내미는 것이 중요합니다. 여러분도 일상 속에서 잔혹함을 멀리하고, 따뜻한 마음으로 주변 사람들에게 배려와 사랑을 실천하시길 바랍니다.

이상으로 1분 스피치를 모두 마치겠습니다.
감사합니다.

잔혹함 사례

1 홀로코스트 : 제2차 세계 대전 중 나치 독일이 유대인, 집시, 장애인 등 수백만 명을 학살한 사건입니다. 이는 인류 역사상 가장 잔혹한 집단 학살 중 하나로, 많은 사람들이 비인간적인 대우와 고통을 겪었습니다.

2 르완다 학살 : 1994년 르완다에서 후투족과 투치족 간의 갈등으로 발생한 대량 학살 사건입니다. 약 100일 동안 80만 명 이상의 투치족과 온건한 후투족이 잔혹하게 살해되었습니다.

3 캄보디아 킬링필드 : 1975년부터 1979년까지 캄보디아에서 폴 포트 정권 하에 진행된 대량 학살 사건입니다. 약 200만 명의 캄보디아인들이 고문, 학살, 강제 노동으로 목숨을 잃었습니다.

4 보스니아 전쟁 중 스레브레니차 학살 : 1995년 보스니아 전쟁 중 보스니아 세르브족 군대가 스레브레니차에서 무슬림 남성 8,000명 이상을 학살한 사건입니다. 이는 유럽에서 일어난 최악의 집단 학살 중 하나로, 많은 가족이 고통을 겪었습니다.

5 시리아 내전 : 2011년부터 시작된 시리아 내전에서 정부군과 반군 간의 잔혹한 폭력 행위로 수많은 민간인들이 희생되었습니다. 독가스 공격과 같은 비인도적 행위가 반복되며 많은 사람이 고통을 겪고 있습니다.

18일차

욕망이란 무엇인가?

여러분! 안녕하십니까? 제 이름은 ○○○, ○○○입니다.
지금부터 1분 스피치를 시작하겠습니다.
오늘의 주제는 욕망이란 무엇인가? 입니다.

여러분! 욕망이 무엇인가요?
욕망이란 인간이 본능적으로 추구하는 욕구와 바람을 의미합니다.
욕망은 물질적, 정신적, 감정적인 것에 대한 강한 열망을 포함하며, 우리를 행동하게 하고 목표를 향해 나아가도록 만듭니다.

욕망은 우리를 성장하고 발전하게 할 수 있습니다. 예를 들어, 더 나은 삶을 위한 열망은 우리를 열심히 일하게 하고, 목표를 이루기 위한 동기를 제공합니다.

하지만 욕망이 지나치면 탐욕으로 변할 수 있습니다. 욕망은 우리를 과도하게 몰아붙이거나, 다른 사람들에게 피해를 줄 수 있습니다. 따라서 우리는 욕망을 적절히 조절하고, 균형을 유지하는 것이 중요합니다.

여러분! 여러분도 자신의 욕망을 적절히 조절하며, 건강하고 행복한 삶을 살아가시길 바랍니다.

이상으로 1분 스피치를 모두 마치겠습니다.
감사합니다.

욕망 사례

1 말라라 유사프자이 : 말라라는 교육을 받을 권리를 향한 강한 욕망을 가지고 탈레반의 위협에도 불구하고 여자아이들의 교육을 위해 목소리를 높였습니다. 그녀의 용기와 열정은 전 세계 사람들에게 큰 감동을 주었고, 그녀는 최연소 노벨 평화상 수상자가 되었습니다.

2 넬슨 만델라 : 넬슨 만델라는 인종 차별을 철폐하고자 하는 욕망을 가지고 평생 동안 투쟁하였습니다. 그는 남아프리카 공화국의 아파르트헤이트 제도를 종식시키기 위해 투옥과 고난을 견뎌냈으며, 결국 그의 노력은 성공을 거두어 많은 사람에게 영감을 주었습니다.

3 헬렌 켈러 : 헬렌 켈러는 시각과 청각 장애를 극복하고자 하는 강한 욕망을 가지고, 뛰어난 작가이자 강연자로 성장하였습니다. 그녀의 인내와 열정은 많은 사람들에게 용기와 희망을 주었으며, 그녀의 이야기는 전 세계적으로 감동을 주고 있습니다.

4 엘리자베스 블랙웰 : 엘리자베스 블랙웰은 여성으로서는 최초로 의사가 되기를 욕망하였고, 이를 이루기 위해 많은 어려움을 극복하였습니다. 그녀의 결단력과 헌신은 많은 여성에게 영감을 주었고, 의료계에서 성평등을 위한 중요한 발걸음을 내디뎠습니다.

5 니콜라 테슬라 : 니콜라 테슬라는 전기 에너지와 관련된 혁신을 이루겠다는 강한 욕망을 가지고 다양한 발명을 하였습니다. 그는 자신의 욕망을 통해 전 세계에 전기 에너지의 발전에 큰 기여를 하였고, 그의 업적은 많은 사람에게 감동을 주고 있습니다.

동경이란 무엇인가?

여러분! 안녕하십니까? 제 이름은 ○○○, ○○○입니다.
지금부터 1분 스피치를 시작하겠습니다.
오늘의 주제는 동경이란 무엇인가? 입니다.

여러분! 동경이 무엇인가요?
동경이란 어떤 사람, 사물, 혹은 상황에 대해 강렬한 흥미와 선망을 느끼며 그 대상에 가까워지고자 하는 감정을 의미합니다.
동경의 감정은 우리의 목표를 설정하고, 열정적으로 노력하게 만드는 중요한 동기부여 요소 중 하나입니다.

동경은 우리가 더 나은 사람이 되기 위해 노력하도록 자극합니다. 예를 들어, 성공한 인물이나 아름다운 예술 작품을 동경함으로써 우리는 그들처럼 되고자 열심히 노력하게 됩니다. 동경은 우리의 삶에 긍정적인 변화를 가져올 수 있으며, 우리를 성장시키는 중요한 감정입니다. 하지만 동경은 때때로 현실과 이상의 차이에서 오는 좌절감을 초래할 수도 있습니다. 따라서 우리는 동경을 통해 얻는 긍정적인 자극을 잘 활용하고, 현실적인 목표를 설정하는 것이 중요합니다.

여러분! 여러분도 자신의 동경을 통해 이상적인 삶을 실현하며 보다 나은 삶을 만들어 나가시길 바랍니다.

이상으로 1분 스피치를 모두 마치겠습니다.
감사합니다.

동경 사례

1 일론 머스크와 스페이스X : 일론 머스크는 어린 시절부터 우주 탐사에 대한 동경을 가지고 있었습니다. 이 열망을 실현하기 위해 그는 스페이스X를 설립하고 민간 우주 탐사의 선구자가 되었습니다. 그의 동경은 우주 산업의 혁신을 이끌어냈고, 많은 사람에게 영감을 주었습니다.

2 말라라 유사프자이 : 말라라는 교육을 받을 권리에 대한 동경을 품고, 탈레반의 위협에도 불구하고 여자아이들의 교육을 위해 싸웠습니다. 그녀의 열망과 용기는 전 세계에 큰 감동을 주었고, 최연소 노벨 평화상 수상자로서 많은 사람에게 영감을 주고 있습니다.

3 넬슨 만델라 : 넬슨 만델라는 자유와 평등에 대한 동경을 품고, 아파르트헤이트 제도를 철폐하기 위해 평생을 헌신했습니다. 그의 동경은 남아프리카 공화국의 인종차별을 종식시키고, 많은 사람에게 평화와 화합의 중요성을 일깨웠습니다.

4 헬렌 켈러 : 헬렌 켈러는 시각과 청각 장애를 극복하고자 하는 동경을 가지고, 뛰어난 작가이자 강연자로 성장하였습니다. 그녀의 열정과 인내는 많은 사람에게 용기와 희망을 주었으며, 그녀의 이야기는 전 세계적으로 감동을 주고 있습니다.

5 마틴 루터 킹 주니어 : 마틴 루터 킹 주니어는 인종 차별 없는 평등한 세상에 대한 동경을 품고, 비폭력 저항 운동을 이끌었습니다. 그의 동경은 미국의 시민권 운동을 진전시키고, 많은 사람에게 인권과 정의의 중요성을 일깨웠습니다.

멸시란 무엇인가?

여러분! 안녕하십니까? 제 이름은 ○○○, ○○○입니다.
지금부터 1분 스피치를 시작하겠습니다.
오늘의 주제는 멸시란 무엇인가? 입니다.

여러분! 멸시가 무엇인가요?
멸시란 다른 사람이나 사물에 대해 극도로 낮은 평가를 하고, 그들을 존중하거나 가치 있게 여기지 않는 태도를 말합니다.

멸시의 감정은 상대방을 비웃고 무시하는 행동으로 나타날 수 있으며, 인간관계를 손상시키고, 사회적인 갈등을 초래할 수 있는 위험한 감정입니다.

우리가 다른 사람을 멸시하게 되면, 그들은 존중받지 못하고 상처를 입게 됩니다. 이는 우리의 사회를 불안하고 분열된 상태로 만들 수 있습니다. 따라서 우리는 멸시를 경계하고, 서로를 존중하는 태도를 가져야 합니다. 타인의 가치를 인정하고, 그들의 입장을 이해하려는 노력이 필요합니다.

여러분! 여러분도 상대방에 대한 멸시 대신 존중과 배려를 바탕으로 성공적인 인간관계를 형성해 나가시길 바랍니다.

이상으로 1분 스피치를 모두 마치겠습니다.
감사합니다.

멸시 사례

1 마더 테레사 : 마더 테레사는 가난하고 병든 사람들을 돌보며 많은 사랑을 받았지만, 그 과정에서 일부 사람들로부터 멸시를 받기도 했습니다. 그러나 그녀는 이에 굴하지 않고, 끝까지 사랑과 자비를 실천하며 전 세계적으로 존경받는 인물이 되었습니다.

2 넬슨 만델라 : 넬슨 만델라는 인종 차별로 인해 수십 년간 투옥되었으며, 그 과정에서 많은 멸시와 부당한 대우를 받았습니다. 그러나 그는 용서와 화해의 정신으로 남아프리카 공화국의 인종 차별을 종식시키고, 전 세계에 큰 감동을 주었습니다.

3 말라라 유사프자이 : 말라라는 여성 교육을 위해 싸우며 탈레반으로부터 멸시와 위협을 받았습니다. 하지만 그녀는 이에 굴하지 않고 목숨을 걸고 교육의 중요성을 외쳤으며, 최연소 노벨 평화상 수상자로서 많은 사람에게 영감을 주고 있습니다.

4 로자 파크스 : 로자 파크스는 인종 차별에 맞서 백인 전용 버스 좌석에 앉아 체포되었으며, 그 과정에서 많은 멸시와 위협을 받았습니다. 그러나 그녀의 용감한 행동은 미국의 시민권 운동에 큰 기여를 하였고, 많은 사람들에게 감동을 주었습니다.

5 마하트마 간디 : 마하트마 간디는 인도의 독립운동을 이끌며 영국 식민 정부와 많은 이들로부터 멸시를 받았습니다. 그러나 그는 비폭력 저항 운동을 통해 인도의 독립을 이끌어냈으며, 그의 평화와 사랑의 메시지는 전 세계에 큰 울림을 주었습니다.

21일차

절망이란 무엇인가?

여러분! 안녕하십니까? 제 이름은 ○○○, ○○○입니다.
지금부터 1분 스피치를 시작하겠습니다.
오늘의 주제는 절망이란 무엇인가? 입니다.

여러분! 절망이 무엇인가요?
절망이란 더 이상 희망이 없다고 느끼며, 상황이 더 나아질 가능성을 잃어버린 상태를 말합니다.

절망의 감정은 우리가 어려운 상황에 처했을 때 흔히 느끼는 감정으로, 우리의 마음을 무겁게 하고, 행동하는 데 큰 어려움을 주기도 합니다. 절망은 우리의 삶에서 불가피한 부분일 수 있습니다. 하지만 절망 속에서도 우리는 다시 일어설 수 있는 힘을 찾을 수 있습니다. 때로는 작은 희망의 불씨가 우리의 삶을 변화시키는 큰 힘이 되기도 합니다. 주변 사람들의 지지와 격려를 통해 우리는 절망을 극복하고, 다시 일어설 수 있는 용기를 가질 수 있습니다.

여러분! 여러분도 절망의 순간에 굴하지 않고, 작은 희망을 찾아 다시 일어서는 용기를 가지시길 바랍니다. 절망은 우리가 성장하고 더 강해질 수 있는 기회가 될 수 있습니다.

이상으로 1분 스피치를 모두 마치겠습니다.
감사합니다.

절망 극복 사례

1 넬슨 만델라 : 넬슨 만델라는 남아프리카 공화국에서 인종차별에 맞서 싸우다 감옥에서 27년을 보냈습니다. 하지만 그는 절망 속에서도 희망을 잃지 않고, 결국 남아프리카 공화국의 첫 흑인 대통령이 되어 인종 화합을 이끌었습니다.

2 헬렌 켈러 : 헬렌 켈러는 시각과 청각을 모두 잃었지만, 그녀는 절망하지 않고 브라일 점자를 배워 소통의 길을 열었습니다. 이후 그녀는 저명한 작가이자 강연자가 되어 많은 사람에게 희망과 영감을 주었습니다.

3 말라라 유사프자이 : 말라라는 탈레반의 총격으로 큰 부상을 입었지만, 절망하지 않고 교육의 중요성을 외치며 세계적으로 주목받는 인권 운동가가 되었습니다. 그녀는 최연소 노벨 평화상 수상자로서 많은 사람에게 영감을 주고 있습니다.

4 에이브러햄 링컨 : 에이브러햄 링컨은 여러 번 선거에서 패배하고, 사업 실패와 개인적인 비극을 겪었지만, 절망하지 않고 미국의 대통령이 되어 노예 해방과 국민의 단합을 이끌어냈습니다.

5 J.K. 롤링 : J.K. 롤링은 경제적으로 어려운 상황에서 절망을 느꼈지만, 그녀는 포기하지 않고 해리포터 시리즈를 집필했습니다. 이 작품은 전 세계적으로 큰 성공을 거두며 그녀를 세계적인 작가로 만들었습니다.

호의란 무엇인가?

여러분! 안녕하십니까? 제 이름은 ○○○, ○○○입니다.
지금부터 1분 스피치를 시작하겠습니다.
오늘의 주제는 호의란 무엇인가? 입니다.

여러분! 호의란 무엇인가요?
호의란 무언가를 친절하게 배려하며 행동하는 것을 말합니다. 우리는 인생을 살아가면서 다양한 상황에서 호의를 베풀고 받게 됩니다.

호의의 감정은 작은 일상 속에서 시작됩니다. 출근길에 길을 묻는 사람에게 친절히 안내해 주거나, 힘든 일에 처한 친구를 도와주는 것과 같은 행동이 바로 호의의 한 예입니다.

호의는 상대방에게 따뜻함과 긍정적인 감정을 전달하며, 인간관계를 더욱 돈독하게 만들어줍니다.
호의를 베푼 사람은 긍정적인 에너지를 느끼고, 그로 인해 자신도 행복해질 수 있습니다. 따라서 호의는 단순한 행동 이상으로, 우리 삶을 더욱 풍요롭게 만드는 중요한 요소입니다.

여러분! 항상 작은 호의라도 잊지 말고 감사하며 실천하는 삶을 살아가시기 바랍니다.

이상으로 1분 스피치를 모두 마치겠습니다.
감사합니다.

호의 사례

1 지하철에서의 배려 : 지하철에서 서서 가는 힘든 상황 속에서도 어르신이나 임산부에게 자리를 양보하는 것은 큰 감동을 줄 수 있는 호의입니다. 작은 행동 하나가 누군가의 하루를 밝게 만들 수 있습니다.

2 예상치 못한 선물 : 동료가 무거운 업무로 지쳐 있을 때, 따뜻한 커피 한 잔이나 작은 간식 하나를 건네주는 것이 큰 위로가 됩니다. 이러한 작은 호의는 동료에게 큰 감동을 줄 수 있습니다.

3 길을 잃은 여행자 돕기 : 외국에서 길을 잃은 여행자에게 친절히 길을 안내해주고, 심지어 함께 목적지까지 동행하는 사람들도 있습니다. 이러한 친절한 행동은 여행자에게 큰 감동과 감사의 마음을 남깁니다.

4 눈 덮인 길에서의 도움 : 눈이 많이 내린 날, 길이 미끄러워서 힘들어하는 사람들에게 차량을 몰아주거나 도와주는 것은 큰 호의입니다. 특히 겨울철에는 이러한 배려가 큰 감동으로 다가옵니다.

5 의도치 않은 선의의 실수 : 가끔은 의도하지 않았지만 누군가를 돕게 되는 경우도 있습니다. 예를 들어, 쇼핑몰에서 손님이 흘린 물건을 주워주거나, 복잡한 곳에서 길을 잃은 아이를 부모에게 안내해주는 것은 작은 일이지만 크게 감사받을 수 있는 호의입니다.

23일차

환희란 무엇인가?

여러분! 안녕하십니까? 제 이름은 ○○○, ○○○입니다.
지금부터 1분 스피치를 시작하겠습니다.
오늘의 주제는 환희란 무엇인가? 입니다.

여러분! 환희란 무엇인가요?
환희란 우리 삶에서 가장 밝고 긍정적인 감정을 말합니다.
환희의 감정은 성공, 사랑, 만족 또는 단순한 일상의 작은 기쁨에서도 비롯될 수 있습니다. 환희는 우리를 활기차게 만들며, 긍정적인 에너지로 주변 사람들에게도 전해집니다.

환희를 느끼는 순간은 특별합니다. 오랜 시간 노력한 끝에 목표를 달성했을 때, 사랑하는 사람과의 행복한 시간을 보낼 때, 또는 아름다운 자연을 감상할 때 등 다양한 상황에서 환희를 경험할 수 있습니다. 환희는 단순한 기쁨을 넘어서는 감정입니다. 그것은 우리를 끊임없이 앞으로 나아가게 하며, 더 나은 삶을 꿈꾸게 만듭니다. 환희를 느끼고, 이를 주변과 나누는 것은 우리 모두에게 중요한 일입니다.

여러분! 일상속 매일 매일의 작은 순간에서도 환희를 찾고, 이를 통해 더욱더 긍정적이고 행복한 삶을 만들어 나가길 바랍니다.

이상으로 1분 스피치를 모두 마치겠습니다.
감사합니다.

환희 사례

1 졸업식 : 많은 학생이 졸업식을 통해 환희를 느낍니다. 오랜 시간 노력하고 학업을 마친 후 졸업장을 받는 순간, 친구들과 가족들이 축하해주는 그 감동적인 순간은 잊을 수 없습니다.

2 결혼식 : 사랑하는 사람과 결혼하는 순간은 그 누구에게도 큰 환희를 안겨줍니다. 두 사람이 함께 미래를 약속하는 그 감동적인 순간은 많은 사람에게 잊지 못할 기억이 됩니다.

3 첫 집 구입 : 많은 사람이 자신만의 첫 집을 구입하는 순간에 큰 환희를 느낍니다. 오랜 시간 저축하고 노력한 끝에 자신의 집을 갖게 되는 그 순간은 큰 감동을 줍니다.

4 자녀 출산 : 자녀가 태어나는 순간은 부모에게 큰 환희를 선사합니다. 새로운 생명이 탄생하는 그 순간의 감동은 말로 표현할 수 없을 정도로 크며, 부모에게 잊지 못할 행복을 줍니다.

5 여행의 추억 : 꿈에 그리던 여행지를 방문했을 때 느끼는 환희는 특별합니다. 아름다운 풍경과 문화, 새로운 경험들이 모여 환희로 가득 찬 여행의 추억은 큰 감동으로 남습니다.

24일차

영광이란 무엇인가?

여러분! 안녕하십니까? 제 이름은 ○○○, ○○○입니다.
지금부터 1분 스피치를 시작하겠습니다.
오늘의 주제는 영광이란 무엇인가? 입니다.

여러분! 영광이란 무엇인가요?
영광은 어떤 성취나 업적을 통해 받는 높은 명예와 자부심을 의미합니다. 우리 삶에서 영광을 느끼는 순간은 개인의 노력과 열정이 결실을 맺는 때입니다. 이러한 영광의 순간은 우리 자신뿐만 아니라 주변 사람들에게도 긍정적인 영향을 미칩니다.

영광의 감정은 단순한 개인의 성취를 넘어서 공동체의 발전과 사회적 기여로 이어질 수 있습니다. 예를 들어, 봉사 활동을 통해 이웃을 돕고 지역 사회를 개선하는 일은 개인에게 큰 영광이 될 뿐만 아니라 사회 전체에도 긍정적인 변화를 가져옵니다.
또한 영광의 감정은 우리의 삶을 더욱 빛나게 하는 중요한 요소입니다. 우리는 자신이 꿈꾸는 목표를 향해 노력하고, 그 결실을 맺는 순간을 통해 영광을 경험할 수 있습니다.

여러분! 이러한 영광의 순간들을 소중히 여기며, 이를 통해 더 나은 미래를 만들어 나가길 바랍니다.

이상으로 1분 스피치를 모두 마치겠습니다.
감사합니다.

영광 사례

1 올림픽 금메달 : 스포츠 선수들이 올림픽에서 금메달을 딴 순간, 그들의 노력과 희생이 결실을 맺는 순간입니다. 국가를 대표하여 우승을 차지하는 영광은 선수와 그들의 가족, 그리고 나라 전체에 큰 감동을 줍니다.

2 노벨상 수상 : 과학자나 문학가가 노벨상을 수상할 때, 그들의 연구와 창작 활동이 세계적으로 인정받는 영광의 순간입니다. 이는 개인에게 큰 자부심을 주며, 인류 발전에 기여한 업적을 기념하는 감동적인 사건입니다.

3 입학 및 졸업식 : 명문 대학에 입학하거나 졸업하는 순간, 학생과 가족들은 큰 자부심과 감동을 느낍니다. 오랜 시간 동안 노력한 결과가 결실을 맺는 이 순간은 개인과 가족에게 큰 영광입니다.

4 군인의 용감한 행위 : 전쟁이나 재난 상황에서 군인들이 목숨을 걸고 시민을 구하는 행동은 큰 영광을 안겨줍니다. 이러한 영웅적인 행동은 많은 사람에게 깊은 감동을 주며, 사회적으로 큰 존경을 받습니다.

5 자선 활동 : 개인이나 단체가 지속적으로 자선 활동을 통해 사회에 큰 기여를 할 때, 그들의 노력은 큰 영광으로 이어집니다. 이러한 활동은 많은 사람에게 희망과 감동을 주며, 사회에 긍정적인 변화를 가져옵니다.

감사란 무엇인가?

여러분! 안녕하십니까? 제 이름은 ○○○, ○○○입니다.
지금부터 1분 스피치를 시작하겠습니다.
오늘의 주제는 감사란 무엇인가? 입니다.

여러분! 감사란 무엇인가요?
감사란 우리가 가진 것, 그리고 우리를 돕는 사람들에 대해 진심으로 고마움을 느끼고 표현하는 감정입니다.
감사의 마음은 작은 일상 속에서도 쉽게 발견할 수 있으며, 우리 삶을 더욱 풍요롭게 만드는 중요한 요소입니다.

감사는 우리의 정신적, 신체적 건강에도 긍정적인 영향을 미칩니다. 감사하는 마음을 가진 사람들은 스트레스를 덜 느끼고, 더 행복하게 살아갑니다. 또한, 감사는 인간관계를 더욱더 돈독하게 만들어주며, 서로를 이해하고 배려하는 마음을 키워줍니다.
따라서 일상의 작은 순간들 속에서도 감사의 마음을 찾고, 이를 표현하는 것이 중요합니다.

여러분! 우리가 가진 것에 대해 감사하고, 주변 사람들에게 고마움을 표현하는 것은 우리 모두에게 행복을 가져다줄 것입니다. 하루하루 감사의 마음을 가지고 살아가시기 바랍니다.

이상으로 1분 스피치를 모두 마치겠습니다.
감사합니다.

감사 사례

1 응급 상황에서의 도움 : 한 시민이 심장마비로 쓰러졌을 때, 주변 사람들이 신속하게 CPR을 시행하고 119에 연락하여 목숨을 구한 사례입니다. 그 시민은 이후 회복한 뒤, 자신의 목숨을 구해준 사람들에게 깊은 감사를 표했습니다.

2 익명 기부 : 한 익명의 기부자가 경제적으로 어려운 가정에 큰 금액을 기부하여, 그 가정이 새 삶을 시작할 수 있도록 도왔습니다. 기부를 받은 가족은 "큰 감동과 감사의 마음을 느꼈고, 자신들도 어려움에 처한 사람들을 돕겠습니다"라고 다짐했습니다.

3 교사의 헌신 : 한 교사가 힘들어하는 학생을 꾸준히 지원하고 격려하여, 그 학생이 졸업하고 좋은 대학에 입학한 사례입니다. 학생은 교사에게 깊은 감사를 표하며, 자신이 받은 도움을 다른 사람에게 돌려주겠다고 다짐했습니다.

4 의료진의 희생 : 코로나 팬데믹 기간 동안 많은 의료진이 자신의 건강을 희생하며 환자들을 돌봤습니다. 환자들과 그 가족들은 의료진의 헌신적인 노력에 깊은 감사를 표하며, 그들의 희생이 많은 사람에게 큰 감동을 주었습니다.

5 친구의 도움 : 한 사람이 심한 우울증에 빠져 있을 때, 친구가 지속적으로 연락하고 지지해주어 결국 그 사람이 다시 일어설 수 있었던 사례입니다. 그 사람은 친구에게 깊은 감사와 감동을 느꼈으며, 그 감사의 마음을 간직하게 되었습니다.

겸손이란 무엇인가?

여러분! 안녕하십니까? 제 이름은 ○○○, ○○○입니다.
지금부터 1분 스피치를 시작하겠습니다.
오늘의 주제는 겸손이란 무엇인가? 입니다.

여러분! 겸손이란 무엇인가요?
겸손은 자신의 능력과 성취에 대해 과시하지 않고, 다른 사람들을 존중하며 자신을 낮추는 태도를 말합니다.
이러한 겸손의 태도는 인간관계를 더욱 원활하게 만들고, 다른 사람들로부터 존경을 받을 수 있게 합니다.

겸손은 우리가 성장하고 발전하는 데 큰 도움을 줍니다. 자신의 한계를 인식하고, 다른 사람들과 협력하며 배울 수 있는 기회를 제공합니다. 이러한 자세는 개인의 성장을 촉진하고, 더 나은 미래를 만들 수 있게 합니다. 따라서 겸손한 태도를 유지하며 살아가는 것이 중요합니다.

여러분! 다른 사람들을 존중하고 배려하는 겸손의 마음을 가집시다. 겸손함을 실천하는 것이 우리의 삶을 더욱 풍요롭게 만들 것입니다. 감사합니다.

이상으로 1분 스피치를 모두 마치겠습니다.
감사합니다.

겸손 사례

1 일본의 축구 선수 카가와 신지 : 카가와 신지는 세계적인 축구 선수로 유명하지만, 그의 겸손한 태도로 인해 많은 사람에게 존경받고 있습니다. 그는 매 경기 후에도 항상 팬들과 동료들에게 감사의 인사를 전하며, 자신의 성공을 팀원들과 공유합니다.

2 미국의 기업가 빌 게이츠 : 빌 게이츠는 세계 최고의 부자 중 한 명이지만, 그의 겸손한 태도로 많은 사람에게 감동을 줍니다. 그는 자신의 재산을 기부하고, 자선 활동을 통해 사회에 기여하는 모습이 많은 이에게 영감을 줍니다.

3 대한민국의 배우 공유 : 공유는 국내외에서 많은 인기를 얻고 있는 배우지만, 항상 겸손한 태도를 잃지 않습니다. 그는 인터뷰에서 자신을 낮추며, 팀원들과 스태프들에게 공로를 돌리는 모습이 많은 팬에게 감동을 줍니다.

4 고대 그리스의 철학자 소크라테스 : 소크라테스는 자신이 아무것도 모른다는 것을 인정하며, 항상 배우려는 자세를 가졌습니다. 그의 겸손한 태도와 지혜는 많은 사람에게 큰 감동을 주었으며, 오늘날까지도 존경받고 있습니다.

5 우리 이웃의 겸손한 행동 : 일상 속에서도 우리는 많은 겸손한 행동들을 경험할 수 있습니다. 예를 들어, 이웃이 자신의 시간을 할애해 도와주는 모습, 나눔을 실천하는 모습 등은 우리에게 큰 감동을 줍니다. 이러한 작은 행동들이 모여 큰 감동을 만들어냅니다.

27일차

비루함이란 무엇인가?

여러분! 안녕하십니까? 제 이름은 ○○○, ○○○입니다.
지금부터 1분 스피치를 시작하겠습니다.
오늘의 주제는 비루함이란 무엇인가? 입니다.

여러분! 비루함이 무엇입니까?
비루함이란 열등감, 자존심의 상실, 스스로를 가치 없다고 느끼는 상태를 의미합니다. 비루함은 인간이 가진 자연스러운 감정이지만, 비루함이 장기간 지속되면 삶의 질을 저하시킬 수 있습니다.

비루함은 사회적 비교로 인해 자신의 성취가 다른 사람보다 뒤떨어진다고 느낄 때, 또는 실패나 좌절을 겪을 때 비루함을 느낄 수 있습니다. 또한, 자신에 대한 과도한 기대나 타인의 비판적인 시선 역시 비루함을 초래할 수 있습니다. 하지만 진정한 장군이 되기 위해서는 비루함을 반드시 극복해야 합니다.

여러분! 비루함은 누구나 느낄 수 있는 감정이지만, 비루함을 극복하는 과정에서 우리는 더욱 강하고, 자존감 있는 사람이 될 수 있습니다. 비루함을 극복하는 사람이 되시겠습니까? 아니면 비루함에 굴복당하는 사람이 되시겠습니까? 선택은 여러분의 몫입니다.

이상으로 1분 스피치를 모두 마치겠습니다.
감사합니다.

비루함 사례

1 사회적 비교로 인한 비루함 : 소셜 미디어에서 친구들이 성공적인 삶을 공유할 때, 자신이 그들과 비교되어 비루함을 느낄 수 있습니다.

2 직장에서의 비루함 : 직장에서 동료들과 비교하여 자신의 능력이 부족하다고 느낄 때 비루함을 경험할 수 있습니다. 예를 들어, 동료들이 빠르게 승진하거나, 프로젝트에서 더 많은 인정을 받을 때 자신이 뒤처진다고 느낄 수 있습니다.

3 학업에서의 비루함 : 학생들이 학업 성적이나 다른 학생들과의 비교에서 비루함을 느낄 수 있습니다. 예를 들어, 한 학생이 시험에서 낮은 점수를 받았을 때, 다른 학생들보다 성적이 떨어진다고 느끼며 자신감을 상실할 수 있습니다.

4 외모로 인한 비루함 : 외모로 인해 비루함을 느끼는 경우도 많습니다. 예를 들어, 사회적 기준에 맞지 않는 외모를 가졌다고 느낄 때, 자신을 가치 없다고 여기게 될 수 있습니다.

5 가족 내 역할로 인한 비루함 : 가족 내에서 특정 역할을 맡지 못했다고 느낄 때 비루함을 경험할 수 있습니다. 예를 들어, 다른 가족 구성원이 더 많은 책임이나 역할을 맡고 있을 때, 자신이 덜 중요하다고 느낄 수 있습니다. 이때, 가족 간의 소통을 통해 역할을 재조정하고, 서로의 가치를 인정하는 것이 필요합니다.

질투란 무엇인가?

여러분! 안녕하십니까? 제 이름은 ○○○, ○○○입니다.
지금부터 1분 스피치를 시작하겠습니다.
오늘의 주제는 질투란 무엇인가? 입니다.

여러분! 질투란 무엇인가요?
질투란 자신이 가진 것을 다른 사람이 갖고 싶어하는 마음이나, 다른 사람이 가진 것을 부러워하는 감정을 말합니다.

질투의 감정은 주로 사랑, 인정, 재산과 관련되어 발생합니다. 질투는 자연스러운 인간 감정이며, 누구나 한 번쯤은 느껴보았을 것입니다. 질투는 우리의 불안감이나 자신감 부족에서 비롯될 수 있습니다. 질투를 적절히 관리하는 것이 중요합니다. 질투를 제대로 관리하지 못하면 관계에 악영향을 미치고 자신에게도 해로울 수 있습니다.

여러분! 질투를 느낄 때는 자신을 돌아보고, 긍정적인 방향으로 에너지를 전환하는 것이 중요합니다. 자신의 가치를 인정하고, 다른 사람의 성취를 진심으로 축하하는 태도가 필요합니다. 질투의 감정을 긍정적으로 승화하여 더욱더 건강하고 행복한 삶을 살아가시기 바랍니다.

이상으로 1분 스피치를 모두 마치겠습니다.
감사합니다.

질투 사례

1 직장 내 승진 : 한 동료가 승진하거나 더 나은 직책으로 이동했을 때, 이를 보며 질투를 느낄 수 있습니다. 이런 상황에서는 자신의 발전을 위해 더 노력하는 동기부여로 삼을 수도 있지만, 지나친 질투는 직장 내 갈등을 초래할 수 있습니다.

2 친구의 성취 : 가까운 친구가 좋은 성적을 받거나 대회에서 우승했을 때, 이를 보며 질투를 느낄 수 있습니다. 친구의 성취를 축하해 주면서도, 동시에 자신도 더 노력하려는 동기를 얻을 수 있습니다.

3 연애 관계 : 연인이나 배우자가 다른 이성과 가까워지는 모습을 볼 때 질투를 느낄 수 있습니다. 이는 신뢰 문제로 이어질 수 있지만, 이를 해결하기 위해 서로의 감정을 솔직하게 대화하는 것이 중요합니다.

4 소셜 미디어 : 친구들이 소셜 미디어에 올린 사진이나 게시물을 보며 질투를 느낄 수 있습니다. 다른 사람들의 화려한 일상을 보면서 자신을 비교하게 되지만, 각자의 삶이 다름을 이해하고 긍정적인 면을 보는 것이 필요합니다.

5 가족 간의 비교 : 부모님이 다른 형제나 자매를 더 칭찬하거나 지지할 때 질투를 느낄 수 있습니다. 이는 가족 내 갈등을 유발할 수 있지만, 자신의 장점과 성취를 인식하고 자신감을 갖는 것이 중요합니다.

적의란 무엇인가?

여러분! 안녕하십니까? 제 이름은 ○○○, ○○○입니다.
지금부터 1분 스피치를 시작하겠습니다.
오늘의 주제는 적의란 무엇인가? 입니다.

여러분! 적의란 무엇인가요?
적의란 타인이나 어떤 대상에 대해 느끼는 강한 반감이나 적대적인 감정을 말합니다.

적의의 감정은 주로 우리의 가치관이나 이익에 반하는 행동이나 상황에서 발생합니다. 누군가가 우리를 불공평하게 대우하거나 우리의 권리를 침해할 때, 우리는 적의를 느낄 수 있습니다.

적의의 감정은 우리에게 문제를 해결하고자 하는 강한 동기부여를 줄 수 있지만, 적의를 제대로 관리하지 못하면 갈등을 초래하고 관계를 해칠 수 있습니다.

여러분! 적의는 자연스러운 인간 감정 중 하나이며, 이를 올바르게 다루는 것이 중요합니다.
적의의 감정을 이해하고, 건강하게 표현하며, 긍정적인 방향으로 나아갑시다.

이상으로 1분 스피치를 모두 마치겠습니다.
감사합니다.

적의 사례

1 학교 내 괴롭힘 : 학교에서 학생이 다른 학생을 지속적으로 괴롭히거나 무시할 때, 피해 학생은 적의를 느낄 수 있습니다. 이러한 상황은 심각한 감정적 상처를 남기며, 학교 내 갈등을 초래할 수 있습니다.

2 직장에서의 불화 : 직장에서 동료 간에 경쟁과 불신이 심화되면, 서로에 대한 적의가 생길 수 있습니다. 예를 들어, 프로젝트에서 의견이 맞지 않거나, 상사의 편애로 인해 불공정한 대우를 받을 때 적대감이 형성될 수 있습니다.

3 국가 간 갈등 : 정치적, 경제적 이유로 인해 국가 간에 갈등이 발생할 때, 국민들 사이에서도 적의가 생길 수 있습니다. 이러한 적의는 전쟁이나 테러와 같은 극단적인 상황으로 이어질 수 있습니다.

4 이웃 간의 분쟁 : 주거지에서 이웃 간에 소음 문제나 일차 문제로 인해 갈등이 발생할 때, 서로에 대한 적의가 생길 수 있습니다. 이러한 갈등은 이웃 관계를 악화시키고 지역 사회에 부정적인 영향을 미칠 수 있습니다.

5 가족 내 갈등 : 가족 구성원 간에 지속적인 갈등이 있을 때, 서로에 대한 적의가 형성될 수 있습니다. 예를 들어, 부모와 자녀 간의 의견 차이나 형제 간의 경쟁으로 인해 갈등이 발생할 수 있습니다.

조롱이란 무엇인가?

여러분! 안녕하십니까? 제 이름은 ○○○, ○○○입니다.
지금부터 1분 스피치를 시작하겠습니다.
오늘의 주제는 조롱이란 무엇인가? 입니다.

여러분! 조롱이란 무엇인가요?
조롱이란 상대방을 비웃거나 경멸하는 태도로, 상대방을 깎아내리고 모욕하는 언행을 말합니다. 조롱의 행동은 상대방의 감정을 상하게 하고, 심리적으로 큰 상처를 줄 수 있습니다.

조롱의 감정은 상대방을 무시하거나 얕잡아보는 마음에서 비롯되며, 이는 사회적 관계를 해치고 갈등을 초래할 수 있습니다.

조롱은 단순한 장난으로 여겨질 수도 있지만, 그 결과는 매우 심각할 수 있습니다. 따라서 우리는 다른 사람을 존중하고 배려하는 태도를 가져야 합니다. 조롱 대신, 상대방의 장점을 인정하고 칭찬하는 긍정적인 언행을 실천하는 것이 중요합니다.

여러분! 조롱은 우리가 피해야 할 부정적인 행동이며, 조롱을 통해 발생할 수 있는 갈등과 상처를 예방하는 것이 중요합니다. 더 나은 사회를 위해 서로를 존중하고 배려하는 태도를 가지도록 합시다.

이상으로 1분 스피치를 모두 마치겠습니다.
감사합니다.

조롱 사례

1 학교에서의 괴롭힘 : 학생들이 특정 학생을 대상으로 조롱하고 놀리는 경우입니다. 이는 피해 학생에게 심리적인 상처를 주며, 학교생활에 큰 영향을 미칠 수 있습니다. 이러한 괴롭힘은 학생의 자존감을 떨어뜨리고, 학교에 대한 부정적인 경험을 남길 수 있습니다.

2 소셜 미디어 상의 악성 댓글 : 소셜 미디어 플랫폼에서 유명인이나 일반 사용자에게 악성 댓글을 다는 경우입니다. 이러한 댓글은 상대방에게 큰 심리적 고통을 주며, 자존감을 낮추고 우울증을 유발할 수 있습니다.

3 직장에서의 비하 발언 : 직장 내에서 상사나 동료가 다른 직원에게 비하하는 발언을 하는 경우입니다. 이러한 조롱은 피해 직원의 업무 효율성을 떨어뜨리고, 직장 내 분위기를 악화시킬 수 있습니다.

4 공공장소에서의 공개 조롱 : 공공장소에서 다른 사람들을 앞에 두고 특정인을 조롱하는 경우입니다. 예를 들어, 공연장에서 공연자를 무시하거나 야유하는 행동은 큰 상처를 줄 수 있습니다.

5 가족 간의 조롱 : 가족 구성원 간에 서로를 조롱하는 경우입니다. 예를 들어, 형제나 자매 간에 서로를 놀리거나 비웃는 행동은 가족 내 갈등을 초래할 수 있으며, 서로의 신뢰를 해칠 수 있습니다.

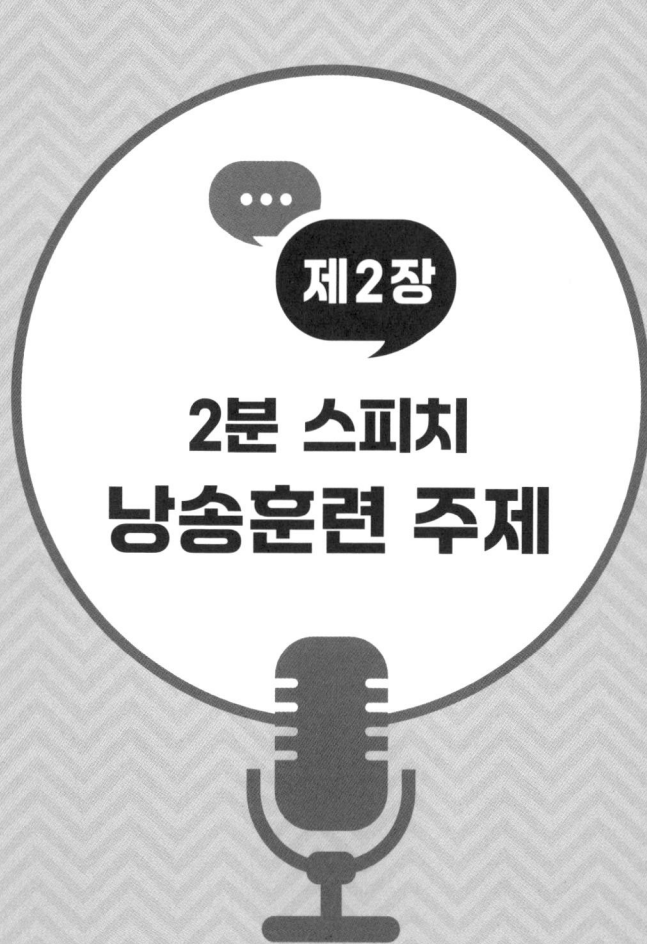

욕정이란 무엇인가?

여러분! 안녕하십니까? 제 이름은 ○○○, ○○○입니다.
지금부터 2분 스피치를 시작하겠습니다.
오늘의 주제는 욕정이란 무엇인가? 입니다.

여러분! 욕정이 무엇인가요?
욕정은 성적인 욕망이나 충동을 의미하는 감정입니다. 욕정은 인간의 자연스러운 생리적 욕구 중 하나로, 우리가 생명체로서 번식하고자 하는 본능과 관련이 있습니다. 욕정은 자연스럽고 건강한 감정이지만, 이를 적절히 관리하고 표현하는 것이 중요합니다.

욕정의 감정은 사람 간의 친밀감과 유대감을 증대시키는 데 기여할 수 있습니다. 그러나 욕정을 적절히 통제하지 못하면, 관계에 문제가 발생하거나 사회적 규범을 위반할 수 있습니다. 따라서 욕정을 건강하게 관리하는 것이 중요합니다.

여러분! 욕정은 자연스러운 감정이지만 욕정을 올바르게 다루는 것이 우리의 삶과 관계를 더욱 풍요롭게 만들 것입니다. 자신의 감정을 존중하고, 다른 사람을 배려하는 태도를 가지며 건강한 관계를 유지하는 것이 중요하다고 생각합니다.

이상으로 2분 스피치를 모두 마치겠습니다.
감사합니다.

욕정 사례

1 연애 초기의 강한 매력 : 연애를 시작할 때, 서로에 대한 강한 성적 매력을 느끼며 욕정을 경험할 수 있습니다. 이러한 감정은 두 사람 간의 친밀감을 증대시키고, 관계를 더욱 깊게 만드는데 기여할 수 있습니다.

2 결혼 생활에서의 친밀감 : 결혼 생활 중에도 부부 간의 성적 욕구와 욕정이 중요한 역할을 합니다. 이러한 감정은 부부 간의 유대감을 강화하고, 관계를 유지하는 데 중요한 요소가 될 수 있습니다.

3 자연스러운 인간의 생리적 반응 : 성숙한 사람들은 성적 매력에 자연스럽게 반응하며 욕정을 느낄 수 있습니다. 이는 인간의 본능적인 반응으로, 생명체로서 번식하고자 하는 본능과 관련이 있습니다.

4 예술과 문학에서의 표현 : 예술 작품이나 문학 작품에서 종종 성적인 욕망과 욕정을 다루기도 합니다. 이러한 작품들은 인간의 본능적인 감정을 예술적으로 표현하며, 독자나 관람자에게 깊은 인상을 줄 수 있습니다.

5 사회적 규범과의 충돌 : 때로는 사회적 규범이나 법적 제한에 의해 욕정을 억제해야 하는 상황이 발생할 수 있습니다. 이러한 상황에서는 자신의 욕구를 적절히 조절하고, 사회적 규범을 준수하는 것이 중요합니다.

32일차

탐식이란 무엇인가?

여러분! 안녕하십니까? 제 이름은 ○○○, ○○○입니다.
지금부터 2분 스피치를 시작하겠습니다.
오늘의 주제는 탐식이란 무엇인가? 입니다.

여러분! 탐식이란 무엇인가요?
탐식이란 필요 이상의 음식을 과도하게 섭취하는 행위를 말합니다. 이는 음식에 대한 강한 욕망이나 충동으로 인해 발생하며, 종종 신체적 건강과 정신적 안녕에 부정적인 영향을 미칠 수 있습니다.
탐식은 다양한 이유로 발생할 수 있으며, 스트레스, 우울증, 외로움과 같은 감정적인 요인이 중요한 역할을 할 수 있습니다.

탐식에는 과도한 양의 음식을 한꺼번에 섭취하거나, 배가 부른데도 계속해서 음식을 먹는 행동이 포함됩니다. 이러한 행동은 일시적인 만족감을 줄 수 있지만, 장기적으로는 비만, 소화 문제, 심혈관 질환 등의 건강 문제를 초래할 수 있습니다. 따라서 탐식을 예방하고 건강한 식습관을 유지하는 것이 중요합니다.

여러분! 탐식은 우리의 신체적, 정신적 건강에 큰 영향을 미칠 수 있는 문제입니다. 건강한 식습관을 유지함으로써 우리의 삶을 더욱더 풍요롭게 만드시기 바랍니다.

이상으로 2분 스피치를 모두 마치겠습니다.
감사합니다.

탐식 사례

1 야식 습관 : 많은 사람이 밤 늦게 배고픔을 느끼며 야식을 먹습니다. 특히 과식과 기름진 음식을 먹는 경우가 많아, 이러한 습관은 비만과 소화 문제를 초래할 수 있습니다.

2 스트레스 탐식 : 스트레스를 받을 때 음식을 통해 위안을 찾는 사람들이 많습니다. 이러한 경우 과도한 양의 음식을 섭취하게 되며, 특히 고칼로리 음식에 대한 욕구가 강해질 수 있습니다. 이는 체중 증가와 건강 문제로 이어질 수 있습니다.

3 파티와 연휴 : 파티나 연휴 기간 동안 맛있는 음식이 풍부하게 제공되면서 과식하기 쉬워집니다. 이런 특별한 날에는 평소보다 더 많은 음식을 섭취하게 되며, 이는 소화 문제나 체중 증가로 이어질 수 있습니다.

4 감정적 식탐 : 외로움, 우울함, 분노 등 감정적 상태가 음식을 통한 만족을 추구하게 만드는 경우가 있습니다. 이러한 감정적 식이는 규칙적인 식습관을 방해하고, 건강에 부정적인 영향을 미칠 수 있습니다.

5 여행 중의 과식 : 여행 중에는 새로운 음식과 맛있는 요리를 접하게 되면서 과식을 하는 경우가 많습니다. 특히 해외 여행에서는 다양한 음식을 경험하고 싶어 과도한 양을 섭취할 수 있습니다.

두려움이란 무엇인가?

여러분! 안녕하십니까? 제 이름은 ○○○, ○○○입니다.
지금부터 2분 스피치를 시작하겠습니다.
오늘의 주제는 두려움이란 무엇인가? 입니다.

여러분! 두려움이란 무엇인가요?
두려움이란 우리가 위험, 고통, 또는 불확실한 상황에 직면했을 때 느끼는 강렬한 감정입니다. 두려움은 우리를 보호하기 위해 진화한 본능적인 반응으로, 우리에게 위험을 인식하고 회피할 수 있는 능력을 제공합니다.

새로운 도전이나 변화에 대한 두려움은 우리를 주저하게 만들 수 있습니다. 그러나 이러한 두려움을 극복하고 한 걸음 앞으로 나아갈 때, 우리는 성장하고 더 나은 자신을 발견할 수 있습니다.
두려움은 우리를 멈추게 할 수 있지만, 그것을 용기와 결단으로 극복할 때, 우리는 더 큰 성취와 만족을 얻을 수 있습니다.

여러분! 두려움은 우리 삶의 일부이며, 이를 인정하고 받아들이는 것이 중요합니다. 두려움을 통해 우리는 자신을 보호하고 성장할 수 있는 기회를 얻습니다. 여러분도 두려움을 극복하고 용기로 바꾸어 도전을 이겨내시기 바랍니다.

이상으로 2분 스피치를 모두 마치겠습니다.
감사합니다.

두려움 사례

1 공포 영화 관람 : 많은 사람이 공포 영화를 볼 때 두려움을 느낍니다. 영화 속에서 예상치 못한 상황이나 무서운 장면들이 우리에게 강한 두려움을 불러일으킵니다. 이는 일시적인 두려움으로, 영화가 끝난 후에는 사라지기도 합니다.

2 시험 스트레스 : 중요한 시험을 앞두고 많은 학생이 두려움을 느낍니다. 시험에서 좋은 성적을 받지 못할까 봐 걱정하며 긴장하는 상황이 대표적인 예입니다. 이러한 두려움은 학생들이 더 열심히 준비하도록 동기를 부여할 수도 있습니다.

3 높이 공포증 : 높은 곳에 올라가면 두려움을 느끼는 사람들도 있습니다. 예를 들어, 놀이공원에서 롤러코스터를 타거나, 고층 건물에서 창문을 바라볼 때 두려움을 경험할 수 있습니다. 이러한 두려움은 우리를 보호하려는 본능에서 비롯됩니다.

4 새로운 사람들과의 만남 : 처음 만나는 사람들과의 사회적 상황에서 두려움을 느낄 수 있습니다. 특히 내성적인 성격을 가진 사람들은 새로운 사람들과의 대화나 만남에서 불안감과 두려움을 경험하기도 합니다.

5 공연 또는 발표 : 많은 사람이 공연이나 발표를 앞두고 두려움을 느낍니다. 무대에 서서 많은 사람들 앞에서 발표하거나 연기할 때, 실수할까 봐 걱정하며 긴장하는 상황이 대표적인 예입니다. 이러한 두려움은 사전 준비와 연습을 통해 완화될 수 있습니다.

동정이란 무엇인가?

여러분! 안녕하십니까? 제 이름은 ○○○, ○○○입니다.
지금부터 2분 스피치를 시작하겠습니다.
오늘의 주제는 동정이란 무엇인가? 입니다.

여러분! 동정이란 무엇인가요?
동정이란 다른 사람의 고통이나 어려움을 이해하고 그에 대해 공감하며, 도와주려는 마음을 말합니다. 동정은 인간의 따뜻한 감정 중 하나로, 우리가 다른 사람의 감정과 상황을 이해하려는 노력에서 비롯됩니다. 동정은 우리를 더 인간적으로 만들어주며, 사회적 유대감을 강화하는 중요한 역할을 합니다.

동정의 예로는 주변에서 어려운 상황에 처한 사람을 도와주는 행동이 있습니다. 예를 들어, 길을 헤매는 사람에게 길을 안내해 주거나, 경제적으로 어려운 이웃을 위해 기부하는 행위가 동정의 한 예입니다. 이러한 행동은 다른 사람에게 큰 위로와 도움을 줄 수 있으며, 동정하는 사람에게도 긍정적인 에너지를 전달합니다.

여러분! 동정은 우리를 연결하고 인간답게 만들어주는 중요한 감정입니다. 동정의 감정을 소중히 여기고, 다른 사람들을 도와가며 우리의 삶을 더욱 풍요롭게 살아가시기 바랍니다.

이상으로 2분 스피치를 모두 마치겠습니다.
감사합니다.

동정 사례

1 재난 구호 활동 : 자연 재해가 발생했을 때, 많은 사람이 피해 지역에 가서 구호 활동을 돕습니다. 예를 들어, 홍수나 지진 피해를 입은 지역에서 자원봉사자들이 음식과 물품을 나눠주고, 재건 작업을 돕는 모습은 큰 동정의 예입니다.

2 길 잃은 사람 돕기 : 외국이나 낯선 장소에서 길을 잃은 여행자에게 도움을 주는 사람들의 행동은 감동적입니다. 길을 안내해 주거나 목적지까지 동행해주는 모습은 따뜻한 마음을 보여줍니다.

3 경제적 어려움에 처한 가족 지원 : 한 사람이 어려운 경제 상황에 처한 가족에게 도움을 주는 경우입니다. 예를 들어, 이웃이나 친구가 식료품이나 생활비를 지원해주며, 그들이 어려움을 극복하도록 돕는 것은 큰 동정의 표현입니다.

4 병원에서의 자원봉사 : 병원에서 자원봉사자들이 환자들을 돌보고, 그들의 이야기를 들어주는 모습은 큰 감동을 줍니다. 이러한 동정의 행위는 환자들에게 심리적인 위로와 지원을 제공합니다.

5 노인 돌보기 : 요양원이나 집에서 홀로 계신 노인들을 돌보는 사람들의 행동은 동정의 훌륭한 예입니다. 정기적으로 방문하여 말벗이 되어주고, 필요한 도움을 제공하는 것은 노인들에게 큰 위로와 안정을 줍니다.

공손이란 무엇인가?

여러분! 안녕하십니까? 제 이름은 ○○○, ○○○입니다.
지금부터 2분 스피치를 시작하겠습니다.
오늘의 주제는 공손이란 무엇인가? 입니다.

여러분! 공손이란 무엇인가요?
공손은 다른 사람을 존중하고 예의를 갖추는 태도를 말합니다. 공손은 말과 행동에서 나타나며, 상대방에게 불쾌감을 주지 않으려는 마음가짐에서 비롯됩니다.

공손은 우리가 사회적 관계를 원활하게 유지하고, 서로를 존중하며 살아가는 데 중요한 역할을 합니다. 공손은 단순한 예의범절을 넘어, 자기 자신을 더욱 성숙하고 존경받는 사람으로 만들어 줍니다. 공손한 태도는 우리의 인간관계를 더욱 긍정적으로 만들며, 신뢰와 존경을 쌓는 데 결정적인 역할을 합니다.

여러분! 우리는 일상생활에서 공손함을 실천하며 다른 사람들을 존중하는 태도를 가져야 합니다. 공손은 작은 행동 하나로도 큰 감동을 줄 수 있습니다. 공손의 마음으로 더욱더 따뜻하고 서로를 배려하는 사회를 만드시기 바랍니다.

이상으로 2분 스피치를 모두 마치겠습니다.
감사합니다.

공손 사례

1 길을 묻는 사람에게 안내 : 길을 헤매는 사람이 다가와 길을 물어볼 때, 친절하게 안내해 주는 행동은 공손한 사례입니다. 웃으며 방향을 알려주거나, 직접 안내해 주는 모습은 상대방에게 큰 도움이 됩니다.

2 식당에서의 예절 : 식당에서 종업원들에게 존경심을 가지고 대하는 것은 공손의 좋은 예입니다. 주문할 때나 감사의 인사를 전할 때, 예의 바르게 행동하는 것은 모두가 기분 좋은 식사 경험을 만드는데 기여합니다.

3 대화 중 끼어들지 않기 : 누군가가 말을 할 때 중간에 끼어들지 않고 끝까지 경청하는 것은 공손한 행동입니다. 상대방의 말을 주의 깊게 듣고, 자신의 의견을 차분하게 표현하는 태도는 존중과 공손을 나타냅니다.

4 공공장소에서의 행동 : 공공장소에서 큰 소리로 떠들지 않거나, 줄을 서서 차례를 지키는 행동은 공손의 좋은 예입니다. 이러한 행동은 다른 사람들에게 불쾌감을 주지 않고 모두가 편안하게 지낼 수 있도록 돕습니다.

5 인사와 감사 표현 : 일상생활에서 만나는 사람들에게 인사와 감사의 인사를 전하는 것은 공손한 행동입니다. 아침에 만나는 이웃에게 "안녕하세요"라고 인사하거나, 도움을 받은 후 "감사합니다"라고 말하는 것은 상대방에게 기분 좋은 인상을 남깁니다.

36일차

미움이란 무엇인가?

여러분! 안녕하십니까? 제 이름은 ○○○, ○○○입니다.
지금부터 2분 스피치를 시작하겠습니다.
오늘의 주제는 미움이란 무엇인가? 입니다.

여러분! 미움이란 무엇인가요?
미움이란 다른 사람이나 대상에 대해 강한 반감을 느끼는 감정을 말합니다. 미움의 감정은 불쾌한 경험이나 상처로 인해 발생하며, 심리적 고통을 주고 사회적 관계를 해칠 수 있습니다.

미움은 우리가 타인과의 갈등을 해결하지 못하고 오랫동안 쌓일 때 생기기 쉽습니다. 예를 들어, 누군가가 우리를 부당하게 대우하거나 배신했을 때, 우리는 그 사람에 대해 미움을 느낄 수 있습니다.
이러한 감정은 우리를 보호하려는 본능에서 비롯될 수 있지만, 미움을 지나치게 키우면 자신에게도 해로울 수 있습니다.
미움을 건강하게 관리하는 것이 중요합니다.

여러분! 미움은 자연스러운 인간 감정 중 하나이며, 이를 올바르게 다루는 것이 우리의 정신적 건강과 사회적 관계를 지키는 데 중요합니다. 미움의 감정을 이해하고, 건강하게 표현하여 우리의 삶을 더욱더 풍요롭게 만들어 가시기 바랍니다.

이상으로 2분 스피치를 모두 마치겠습니다.
감사합니다.

미움 사례

1 학교 내 괴롭힘 : 한 학생이 학교에서 다른 학생들에게 지속적으로 괴롭힘을 당하며 미움을 느끼는 사례입니다. 이러한 경험은 피해 학생의 자존감을 낮추고 학교 생활에 부정적인 영향을 미칠 수 있습니다.

2 직장 내 경쟁 : 직장에서 동료 간에 지나친 경쟁과 불신이 쌓여 서로를 미워하게 되는 경우입니다. 예를 들어, 동료가 승진 기회를 빼앗았다고 느낄 때 미움이 생길 수 있습니다. 이러한 감정은 업무 환경을 악화시키고 협력을 저해할 수 있습니다.

3 이웃 간의 갈등 : 이웃 간에 소음 문제나 일차 문제로 갈등이 발생하여 서로를 미워하게 되는 사례입니다. 이러한 갈등은 지역 사회의 평화를 해치고, 상호 적대감을 증대시킬 수 있습니다.

4 가족 간의 불화 : 가족 내에서 갈등과 오해가 쌓여 서로를 미워하게 되는 경우입니다. 예를 들어, 형제 간의 경쟁이나 부모와 자식 간의 의견 충돌로 인해 미움이 생길 수 있습니다. 이러한 감정은 가족 관계를 악화시키고 서로에게 상처를 줄 수 있습니다.

5 사회적 차별 : 특정 사회 집단이 다른 사회 집단을 차별하고 미워하는 사례입니다. 인종, 성별, 종교 등의 차별로 인해 미움이 생길 수 있으며, 이는 사회적 갈등을 유발하고 평화를 해칠 수 있습니다.

후회란 무엇인가?

여러분! 안녕하십니까? 제 이름은 ○○○, ○○○입니다.
지금부터 2분 스피치를 시작하겠습니다.
오늘의 주제는 후회란 무엇인가? 입니다.

여러분! 후회란 무엇인가요?
후회란 우리가 과거의 선택이나 행동에 대해 아쉬움을 느끼는 감정입니다. 후회의 감정은 우리에게 배우고 성장할 기회를 주며, 미래의 결정을 더 신중하게 내리도록 도와줍니다.
후회는 때로 고통스러울 수 있지만, 이를 긍정적으로 받아들이고 교훈을 얻는다면, 우리 삶을 더욱 풍요롭게 만들 수 있습니다.
예를 들어, 한 친구와의 갈등을 해결하지 못한 채 관계가 끝난다면 우리는 그 순간을 후회할 수 있습니다. 그러나 이 후회는 우리에게 다음에는 더 나은 의사소통 방법을 사용하고, 사람들과의 관계를 더욱 소중히 여기게 해줍니다. 후회는 단순한 아쉬움 이상의 것입니다. 그것은 우리를 더 나은 사람으로 만드는 중요한 경험입니다. 그러므로 후회를 받아들이고, 그것을 통해 배움과 성장을 추구해야 합니다.

여러분! 매번 후회의 감정에 사로잡혀 살아 가시겠습니까? 아니면 후회를 당연한 감정으로 받아들이고 당당하게 자기성장의 길을 걸어가시겠습니까? 선택은 여러분의 몫입니다.

이상으로 2분 스피치를 모두 마치겠습니다.
감사합니다.

후회 사례

1 학업에 대한 후회와 성공 : 어느 한 학생은 고등학교 시절 학업에 열중하지 못해 졸업 후 후회를 많이 했습니다. 그러나 성인이 되어 대학에 재입학하고 졸업하여 꿈을 이루게 되었습니다.

2 건강 관리의 중요성 : 한 사람이 젊은 시절 건강을 돌보지 않아 나중에 큰 병에 걸리게 되었습니다. 그러나 가족의 격려와 의지로 건강을 되찾기 위해 생활 습관을 바꾸고, 결국 건강을 회복하게 되었습니다.

3 인간관계의 회복 : 오래된 친구와의 갈등으로 인해 오랜 시간 동안 연락이 끊긴 두 사람이 있었습니다. 그러나 시간이 지나 후회의 마음이 커져 결국 다시 연락을 시도했고, 서로의 이야기를 듣고 이해하며 관계를 회복하게 되었습니다.

4 커리어 전환의 성공 : 직장에서 만족하지 못한 채 일하던 한 사람이 있었습니다. 그는 자신의 진로를 변경하고 싶은 마음이 있었지만 두려워서 결정을 내리지 못했습니다. 그러나 가족과 친구들의 응원으로 용기를 내어 새로운 길을 선택했고, 결국 성공적인 커리어 전환을 이루어내며 큰 감동을 받았습니다.

5 시간의 소중함 : 시간을 낭비하고 게으름을 피우던 한 사람이 있었습니다. 어느 날 가족의 격려와 조언을 듣고 삶의 목표를 세우게 되었고, 계획적인 생활을 통해 시간을 효율적으로 활용하기 시작했습니다. 이 과정에서 가족의 지지에 큰 감동을 받아 더욱 노력하게 되었습니다.

끌림이란 무엇인가?

여러분! 안녕하십니까? 제 이름은 ○○○, ○○○입니다.
지금부터 2분 스피치를 시작하겠습니다.
오늘의 주제는 끌림이란 무엇인가? 입니다.

여러분! 끌림이란 무엇인가요?
끌림이란 사람이나 사물에 자연스럽게 이끌리는 감정을 말합니다.
끌림은 단순한 호감 이상의 것으로, 우리의 관심과 애정을 한 곳에 집중시키는 강력한 힘을 가지고 있습니다.
누군가에게 끌린다는 것은 그 사람의 외모나 말투, 또는 성격 등 다양한 요소들에 의해 마음이 움직이는 것을 의미합니다.

끌림은 우리의 삶에 활력을 불어넣고, 새로운 만남과 경험을 통해 성장할 수 있는 기회를 제공합니다.
끌림을 통해 우리는 자신을 더욱 잘 이해하게 되고, 더 나은 인간관계를 형성하며, 풍부한 삶을 살아갈 수 있습니다.

여러분! 끌림은 우리가 살아가는 데 있어 중요한 역할을 하며, 우리의 마음을 풍요롭게 만드는 아름다운 감정입니다.
끌림을 두려워하지 말고, 그 감정을 통해 자신의 삶을 더욱 풍요롭게 만드시기 바랍니다.

이상으로 2분 스피치를 모두 마치겠습니다.
감사합니다.

끌림 사례

1 첫 만남의 설렘 : 한 소년은 학교에서 새로운 친구를 만났습니다. 두 사람은 처음 만난 순간부터 서로에게 끌림을 느꼈고, 시간이 지나면서 깊은 우정을 쌓아갔습니다. 이 우정을 통해 서로의 삶에 큰 감동과 영감을 주었습니다.

2 반려동물과의 인연 : 한 여인은 동물 보호소에서 입양을 고려하다가 한 강아지에게 강하게 끌림을 느꼈습니다. 그 강아지는 그녀의 삶에 큰 기쁨과 위로를 가져다주었고, 그녀는 강아지와의 인연에 깊은 감동을 받았습니다.

3 여행지에서의 만남 : 한 남자는 해외 여행 중 우연히 한 현지인 여성을 만났습니다. 두 사람은 짧은 시간 동안 강한 끌림을 느꼈고, 그 이후로도 계속 연락을 주고받으며 특별한 관계를 유지하게 되었습니다. 이 만남은 남자의 삶에 큰 감동을 남겼습니다.

4 예술 작품과의 교감 : 한 미술관을 방문한 사람은 한 그림 앞에서 발걸음을 멈추고 깊은 끌림을 느꼈습니다. 그 그림은 그의 마음을 울리고 감동을 주었으며, 그는 그 순간을 오래도록 잊지 못했습니다. 이는 예술이 주는 특별한 감동의 사례입니다.

5 책과의 만남 : 한 여자는 서점을 방문해 우연히 한 책에 끌림을 느꼈습니다. 그 책은 그녀의 생각과 삶에 큰 영향을 미쳤으며, 그녀는 그 책을 통해 얻은 교훈에 깊은 감동을 받았습니다. 그 책은 그녀에게 큰 영감을 주었습니다.

39일차

치욕이란 무엇인가?

여러분! 안녕하십니까? 제 이름은 ○○○, ○○○입니다.
지금부터 2분 스피치를 시작하겠습니다.
오늘의 주제는 치욕이란 무엇인가? 입니다.

여러분! 치욕이란 무엇인가요?
치욕이란 우리가 존엄성과 자존심을 침해당했을 때 느끼는 깊은 부끄러움과 굴욕감을 말합니다. 치욕은 개인의 정체성을 흔들고, 자신에 대한 신뢰와 타인에 대한 신뢰를 손상시킬 수 있는 강렬한 감정입니다. 우리는 공개적으로 무시당하거나 조롱당했을 때 치욕을 느낄 수 있습니다. 이러한 경험은 우리에게 큰 상처를 주지만, 동시에 우리를 더 강하고 단단하게 만들기도 합니다. 치욕을 통해 우리는 스스로의 한계를 깨닫고, 이를 극복하기 위해 노력할 수 있습니다.

치욕은 단순히 고통스러운 경험이 아니라, 우리를 성장시키고 더 나은 사람으로 만들 수 있는 중요한 감정입니다.

여러분! 치욕은 인간으로서 우리가 겪을 수 있는 가장 깊은 감정 중 하나입니다. 이를 통해 우리는 자신의 약점을 인정하고, 이를 극복하여 더 나은 삶을 살아갈 수 있습니다. 여러분도 치욕을 긍정적인 변화를 위한 발판으로 삼아보시기 바랍니다.

이상으로 2분 스피치를 모두 마치겠습니다.
감사합니다.

치욕 사례

1. **공개 연설 실패와 성공** : 한 남자는 중요한 연설에서 긴장하여 말을 제대로 잇지 못했습니다. 그 순간 청중 앞에서 굴욕을 느꼈지만, 그는 이를 극복하고 연설 기술을 향상시키기 위해 노력했습니다. 결국, 그는 훌륭한 연설가가 되어 많은 사람들에게 감동을 주는 연설을 하게 되었습니다.

2. **운동 경기에서의 패배와 재기** : 한 운동선수는 중요한 경기에서 실수를 하여 팀의 패배를 초래했습니다. 그는 치욕을 느꼈지만, 이를 통해 더욱 열심히 훈련하고 팀원들과의 유대감을 높였습니다. 결국 그는 다음 시즌에서 뛰어난 활약을 펼쳐 팀을 우승으로 이끌며 감동을 주었습니다.

3. **학업 실패와 성공** : 한 학생은 중요한 시험에서 낙제하여 친구들 앞에서 큰 치욕을 느꼈습니다. 그러나 그는 포기하지 않고 노력하여 성적을 크게 향상시켰으며, 졸업식에서는 우등생으로서 연설을 하며 감동을 주었습니다.

4. **사업 실패와 재기** : 한 사업가는 첫 사업에서 큰 실패를 겪어 많은 사람들 앞에서 치욕을 당했습니다. 하지만 그는 실패를 교훈 삼아 더 나은 사업 계획을 세우고, 결국 성공적인 사업가로 거듭나 감동적인 성공 스토리를 만들어냈습니다.

5. **사회적 굴욕과 성장** : 한 여인은 회사에서 차별과 편견으로 인해 치욕을 겪었습니다. 그러나 그녀는 이를 극복하고, 자신의 능력을 인정받아 승진하고, 나아가 차별 없는 근무 환경을 만들기 위한 변화를 이끌어내어 많은 동료들에게 감동을 주었습니다.

행복이란 무엇인가?

여러분! 안녕하십니까? 제 이름은 ○○○, ○○○입니다.
지금부터 2분 스피치를 시작하겠습니다.
오늘의 주제는 행복이란 무엇인가? 입니다.

여러분! "행복이 무엇입니까?
돈이 많으면 행복할까요? 아니면 명예를 얻으면 행복해질까요?
철학자 아리스토텔레스는 행복을 "인생의 궁극적인 목적"이라고 말했습니다. 우리는 살아가면서 끊임없이 행복을 추구합니다. 하지만 행복은 멀리 있는 것이 아닙니다.

진정한 행복은 지금 이 순간을 감사히 여기고, 내가 가진 것에 만족하며, 사랑하는 사람과 함께하는 삶 속에 있습니다. 행복한 삶을 위해 가장 중요한 것은 마음가짐입니다. 외부 조건이 아무리 좋아도 우리 마음이 불평과 불안으로 가득 차 있다면 그 속엔 진정한 행복이 없습니다. 반대로 어려운 환경 속에서도 긍정적인 생각과 따뜻한 마음을 품고 산다면 그 사람은 이미 행복한 사람입니다. 행복은 거창한 것이 아닙니다. 따뜻한 말 한마디, 사랑하는 가족과의 식사, 그 모든 것이 행복입니다. 오늘, 여러분은 어떤 행복을 느끼셨나요?

여러분! 행복은 멀리 있는 것이 아니라, 우리 안에 있습니다. 그리고 그걸 깨닫는 순간, 우리는 이미 행복한 사람입니다. 하지만 모든 날이 웃음으로 가득 찰 수는 없습니다. 때론 힘들고 지칠 때조차도, "지금 이 순간에도 감사할 무언가가 있다"는 사실을 기억하고 조금 더 단단하고 따뜻한 마음으로 하루를 살아가시기 바랍니다.

이상으로 2분 스피치를 모두 마치겠습니다.
감사합니다

행복 사례

1 오프라 윈프리 : 어린 시절 가난과 학대를 겪었지만, 긍정적인 태도와 자기 신뢰로 세계적인 방송인이자 자선가로 성장했습니다. 그녀는 "감사하는 마음이 행복을 부른다"고 말하며, 매일 감사일기를 쓰는 습관으로 삶의 만족도를 높였습니다.

2 닉 부이치치 : 팔다리가 없이 태어났지만, 좌절 대신 희망을 선택한 그는 전 세계를 다니며 동기부여 강연을 하고 있습니다. 그는 "행복은 조건이 아니라 선택"이라는 메시지를 전하며, 많은 이에게 삶의 용기와 기쁨을 나눠주고 있습니다.

3 J.K. 롤링 : 극심한 빈곤과 우울증 속에서도 글쓰기를 포기하지 않고 『해리 포터』 시리즈로 세계적인 작가가 되었습니다. 그녀는 실패를 두려워하지 않고, 자신이 사랑하는 일을 꾸준히 해온 것이 진정한 행복의 원천이었다고 말합니다.

4 넬슨 만델라 : 27년간의 수감 생활에도 불구하고 용서와 화해를 선택한 그는 남아프리카공화국의 민주화를 이끌었습니다. 그는 "자유롭게 살 수 있는 것, 그리고 타인을 자유롭게 만드는 것"이 진정한 행복이라고 믿었습니다.

5 세종대왕 : 백성을 사랑하는 마음으로 훈민정음을 창제하고, 과학·문화·복지 등 다양한 분야에서 조선을 발전시킨 성군입니다. 그는 백성의 삶을 편하게 하는 것을 가장 큰 기쁨으로 여겼으며, 애민정신 속에서 행복을 실현했습니다.

확신이란 무엇인가?

여러분! 안녕하십니까? 제 이름은 ○○○, ○○○입니다.
지금부터 2분 스피치를 시작하겠습니다.
오늘의 주제는 확신이란 무엇인가? 입니다.

여러분! 확신이란 무엇인가요?
확신이란 자신이 믿는 바에 대해 강하게 확신하고 흔들림 없는 믿음을 가지는 감정입니다. 확신은 우리의 결정을 더욱 확고하게 만들며, 삶의 다양한 도전에 맞서 나아갈 수 있는 힘을 줍니다.

학업이나 직장에서 중요한 결정을 내릴 때 확신은 우리에게 필요한 용기와 결단력을 제공합니다. 확신이 없으면 우리는 망설이거나 주저하게 되어 기회를 놓칠 수 있습니다. 하지만 확신이 있다면, 우리는 자신 있게 한 걸음 나아가 목표를 향해 전진할 수 있습니다. 또한 도덕적 신념이나 인생의 목표에 대한 확신은 우리가 어려운 상황에서도 올바른 선택을 하게 만들고, 자신을 더 나은 방향으로 이끌어갑니다.

여러분! 확신은 우리에게 자신감을 주고, 삶의 어려움을 극복할 수 있는 힘을 주는 중요한 감정입니다. 확신은 우리의 인생을 변화시키는 원동력이 될 수 있습니다. 여러분도 자신에 대한 확신을 가지며, 목표를 향해 힘차게 나아가길 바랍니다.

이상으로 2분 스피치를 모두 마치겠습니다.
감사합니다.

확신 사례

1 학업에 대한 확신 : 한 학생은 자신의 꿈을 이루기 위해 의학을 전공하기로 결심했습니다. 주위의 어려움과 도전에도 불구하고 그는 확신을 가지고 학업에 매진하여 결국 의사가 되었습니다. 그의 확신은 다른 학생들에게 큰 영감을 주었습니다.

2 창업의 확신 : 한 사업가는 자신의 아이디어에 대한 확신을 가지고 회사를 창업했습니다. 처음에는 많은 어려움이 있었지만, 그는 자신의 신념을 굳게 지키며 결국 성공적인 기업으로 성장시켰습니다. 그의 성공은 많은 예비 창업자에게 희망을 주었습니다.

3 스포츠 선수의 확신 : 한 운동 선수는 자신이 올림픽에서 메달을 딸 수 있다는 확신을 가지고 끊임없이 훈련했습니다. 그의 확신과 노력은 결실을 맺어, 결국 올림픽에서 금메달을 획득하였습니다. 그의 이야기는 많은 사람에게 영감을 주고 동기부여가 되었습니다.

4 환경 보호 활동가의 확신 : 한 환경 보호 활동가는 지구를 지키기 위해 확신을 가지고 다양한 환경 보호 캠페인을 벌였습니다. 그의 열정과 확신은 많은 사람에게 감동을 주었고, 많은 이이 환경 보호에 동참하게 되었습니다.

5 글로벌 문제 해결의 확신 : 한 사회 운동가는 세계적인 빈곤 문제를 해결하기 위한 확신을 가지고 노력했습니다. 그는 여러 어려움을 극복하며 국제 단체를 설립하고, 많은 사람의 삶을 개선시켰습니다. 그의 확신과 헌신은 많은 사람에게 희망과 감동을 주었습니다.

42일차

희망이란 무엇인가?

여러분! 안녕하십니까? 제 이름은 ○○○, ○○○입니다.
지금부터 2분 스피치를 시작하겠습니다.
오늘의 주제는 희망이란 무엇인가? 입니다.

여러분! 희망이란 무엇인가요?
희망이란 우리가 미래에 대해 긍정적이고 낙관적인 기대를 가지는 감정입니다. 희망은 우리에게 삶의 어려움을 견디게 하고, 목표를 향해 나아갈 수 있는 동기를 제공합니다. 우리가 힘든 시기를 겪을 때, 희망은 우리를 지탱해주는 중요한 요소입니다. 질병으로 고통받는 환자는 희망을 통해 치료와 회복을 믿고 이겨낼 수 있습니다. 희망은 우리에게 절망의 순간에도 빛을 찾게 해주며, 미래를 향한 믿음을 유지하게 합니다. 희망은 저절로 생기는 것이 아니라, 스스로 키워나가는 것입니다. 희망은 개인뿐만 아니라 사회에도 큰 영향을 줍니다. 역경을 이겨내고 희망을 실현한 사람들은 다른 사람들에게도 영감을 주며, 결국 더 나은 세상을 만들어갑니다.

여러분! 희망은 우리 삶에 활력을 불어넣고, 목표를 향해 전진할 수 있게 도와주는 중요한 감정입니다. 여러분도 희망을 잃지 말고, 자신과 주변 사람들에게 희망을 전파하며 더 나은 미래를 향해 나아가길 바랍니다.

이상으로 2분 스피치를 모두 마치겠습니다.
감사합니다.

희망 사례

1 병과의 싸움에서 이긴 환자 : 한 환자는 암 진단을 받고 절망에 빠졌지만, 가족과 의료진의 격려 속에서 희망을 잃지 않고 치료에 전념했습니다. 결국 그는 암을 극복하고 건강을 되찾으며, 희망의 힘을 보여주었습니다.

2 경제적 어려움 속에서의 성공 : 한 사람은 경제적 어려움으로 인해 큰 시련을 겪었지만, 희망을 품고 끊임없이 노력하여 결국 성공적인 기업가가 되었습니다. 그의 이야기는 많은 사람에게 희망과 용기를 주었습니다.

3 교육의 기회를 얻은 아이 : 한 가난한 마을의 소년은 교육을 받을 기회가 없어 꿈을 이루기 어려웠습니다. 그러나 자원 봉사자들의 노력으로 교육 기회를 얻게 되었고, 열심히 공부한 끝에 장학생으로 대학에 진학하여 꿈을 이루었습니다. 그의 성공은 많은 아이에게 희망을 불어넣었습니다.

4 재해 후의 복구 노력 : 한 마을은 자연 재해로 인해 큰 피해를 입었지만, 주민들은 희망을 잃지 않고 서로 돕고 복구 작업에 나섰습니다. 결국 마을은 재건되어 더 나은 공동체로 거듭났으며, 그들의 노력과 희망은 많은 사람에게 감동을 주었습니다.

5 새로운 시작을 한 이주민 : 한 여성은 전쟁으로 인해 고향을 떠나야 했습니다. 낯선 나라에서의 삶은 어려웠지만, 희망을 가지고 새로운 시작을 위한 노력을 아끼지 않았습니다. 결국 그녀는 안정적인 직장을 구하고, 가족과 함께 행복한 삶을 꾸려나가며 희망의 힘을 보여 주었습니다.

오만이란 무엇인가?

여러분! 안녕하십니까? 제 이름은 ○○○, ○○○입니다.
지금부터 2분 스피치를 시작하겠습니다.
오늘의 주제는 오만이란 무엇인가? 입니다.

여러분! 오만이란 무엇인가요?
오만이란 자신을 과도하게 높이 평가하고, 다른 사람을 무시하거나 경시하는 태도를 말합니다. 오만은 종종 자신감과 구분하기 어렵지만, 그 본질은 타인을 존중하지 않고, 자신만이 옳다는 잘못된 확신에서 비롯됩니다.

오만은 단순히 타인에게 불쾌감을 주는 것을 넘어, 스스로의 성장을 방해할 수도 있습니다. 오만한 태도로 인해 새로운 지식이나 경험을 받아들이지 않고, 자신의 잘못을 인정하지 않기 때문입니다. 따라서 우리는 오만을 경계하고, 겸손한 마음으로 다른 사람을 존중하며, 배움의 자세를 유지하는 것이 중요합니다.

여러분! 오만은 우리 삶에 부정적인 영향을 미칠 수 있는 태도입니다. 우리는 이를 인식하고, 겸손과 존중을 바탕으로 한 건강한 인간관계를 유지하며, 스스로의 성장을 추구해야 합니다. 여러분도 오만을 경계하고, 더 나은 자신을 위해 노력해보시기 바랍니다.

이상으로 2분 스피치를 모두 마치겠습니다.
감사합니다.

오만 사례

1 사업 실패 : 한 기업가는 자신의 아이디어가 완벽하다고 믿고, 다른 사람들의 조언을 무시했습니다. 결과적으로, 시장의 변화와 고객의 요구를 반영하지 못해 사업이 실패하고 말았습니다.

2 팀워크의 붕괴 : 한 팀 리더는 자신의 의견이 항상 옳다고 믿고, 팀원들의 의견을 경청하지 않았습니다. 결국 팀원들은 리더에 대한 신뢰를 잃고 팀워크가 붕괴되면서 프로젝트가 실패하고 말았습니다.

3 개인 관계의 파탄 : 한 사람이 자신의 성공과 능력을 과시하며 친구와 가족을 경시했습니다. 그로 인해 주변 사람들과의 관계가 점차 악화되어 결국 고립되고 말았습니다.

4 운동 경기에서의 패배 : 한 운동선수는 자신의 실력에 대한 과신으로 인해 훈련을 소홀히 했습니다. 결국 중요한 경기에서 패배하고 말았으며, 이는 그의 커리어에 큰 타격을 입혔습니다.

5 학업 실패 : 한 학생은 자신이 항상 높은 성적을 받을 것이라는 오만한 생각으로 인해 공부를 게을리 했습니다. 그 결과, 중요한 시험에서 좋은 성적을 받지 못해 목표했던 대학에 입학하지 못했습니다.

44일차

소심함이란 무엇인가?

여러분! 안녕하십니까? 제 이름은 ○○○, ○○○입니다.
지금부터 2분 스피치를 시작하겠습니다.
오늘의 주제는 소심함이란 무엇인가? 입니다.

여러분! 소심함이란 무엇인가요?
소심함이란 자신감이 부족하고, 자신을 표현하는 데 어려움을 느끼는 상태를 말합니다. 소심함은 종종 타인의 평가나 비판에 대한 두려움에서 비롯되며, 이로 인해 사람들은 자신의 생각이나 감정을 숨기고, 사회적 상황에서 위축되기 쉽습니다.
친구들과의 모임에서도 소심한 사람은 자신의 의견을 말하지 못하거나, 새로운 사람과의 만남에서 긴장하게 됩니다. 이러한 소심함은 우리가 새로운 기회를 놓치고, 자신을 충분히 표현하지 못하게 만들 수 있습니다. 자기 자신을 긍정적으로 바라보고, 작은 도전부터 시작하여 자신감을 쌓아가는 것도 소심함을 극복하는데 큰 도움이 됩니다.

여러분! 소심함은 우리의 삶을 제한할 수 있지만, 이를 극복하면 더 큰 성취와 만족을 느낄 수 있습니다. 소심함을 두려워하지 말고, 작은 도전부터 시작하여 자신감을 키워보세요. 여러분도 자신을 믿고, 더 많은 기회를 만들어 나가길 바랍니다.

이상으로 2분 스피치를 모두 마치겠습니다.
감사합니다.

소심함 극복 사례

1 학급 발표에서의 소심함 : 한 학생은 학급 앞에서 발표할 때마다 심한 긴장과 두려움을 느꼈습니다. 하지만 선생님과 친구들의 격려로 조금씩 용기를 내어 발표 연습을 하고, 결국 자신감 있게 발표를 마칠 수 있었습니다.

2 새로운 사람과의 만남 : 한 사람은 새로운 사람을 만나는 것을 두려워해 사회적 모임을 피하곤 했습니다. 그러나 친구의 권유로 작은 모임에 참여하며 천천히 사람들과 대화를 나누기 시작했고, 결국 새로운 친구들을 사귈 수 있었습니다.

3 직장에서의 의견 표현 : 한 직원은 회의에서 자신의 의견을 표현하는 것을 두려워해 항상 침묵을 지켰습니다. 하지만 상사의 격려와 지원으로 조금씩 의견을 제시하기 시작했고, 이는 그의 경력 발전에 큰 도움이 되었습니다.

4 공연 무대에서의 소심함 : 한 젊은 연기자는 무대 공포증으로 인해 공연 전에 심한 긴장을 겪었습니다. 하지만 연습과 멘토의 조언을 통해 무대 공포증을 극복하고, 관객들 앞에서 멋진 공연을 선보일 수 있었습니다.

5 자기 표현의 두려움 : 한 예술가는 자신의 작품을 다른 사람들에게 보여주는 것이 두려웠습니다. 그러나 예술 모임에 참석하며 자신의 작품을 조금씩 공개하기 시작했고, 많은 사람의 긍정적인 피드백을 통해 자신감을 얻었습니다.

쾌감이란 무엇인가?

여러분! 안녕하십니까? 제 이름은 ○○○, ○○○입니다.
지금부터 2분 스피치를 시작하겠습니다.
오늘의 주제는 쾌감이란 무엇인가? 입니다.

여러분! 쾌감이란 무엇인가요?
쾌감이란 우리가 즐거움이나 만족을 느낄 때 경험하는 긍정적인 감정입니다. 쾌감은 다양한 원인에 의해 발생할 수 있으며, 이는 우리의 삶에 활력과 기쁨을 주는 중요한 요소입니다.
좋은 음식을 먹거나 좋아하는 음악을 들을 때, 운동을 하거나 목표를 달성했을 때 쾌감을 경험하게 됩니다. 이러한 쾌감은 우리에게 스트레스를 해소하고, 정신적, 육체적 건강을 증진시키는 데 도움이 됩니다.

쾌감은 단순한 즐거움을 넘어서, 우리의 삶에 긍정적인 영향을 미칩니다. 쾌감을 통해 우리는 더 행복하고 만족스러운 삶을 살아갈 수 있으며, 긍정적인 태도를 유지하게 됩니다.

여러분! 쾌감은 우리의 삶을 풍요롭게 만드는 중요한 감정입니다. 여러분도 자신의 삶에서 쾌감을 찾고, 그 순간을 즐기며 더 행복한 삶을 살아가시길 바랍니다.

이상으로 2분 스피치를 모두 마치겠습니다.
감사합니다.

쾌감 사례

1 좋은 음식과의 만남 : 한 사람은 오래 기다려온 미슐랭 스타 레스토랑을 방문해 특별한 음식을 맛보았습니다. 훌륭한 요리와 분위기에서 쾌감을 느끼며 잊지 못할 식사 경험을 하게 되었습니다.

2 음악 콘서트 참석 : 좋아하는 밴드의 라이브 콘서트를 보러 간 사람은 그 순간의 열기와 에너지를 만끽하며 큰 쾌감을 느꼈습니다. 콘서트장에서의 경험은 그에게 큰 기쁨과 만족을 안겨주었습니다.

3 운동 성취 : 한 사람이 마라톤에 도전해 끝까지 완주했을 때의 성취감은 그에게 큰 쾌감을 안겨주었습니다. 고된 훈련 끝에 목표를 이루며 느끼는 기쁨은 그의 삶에 큰 동기부여가 되었습니다.

4 자연과의 교감 : 산책 중 아름다운 자연 경관을 마주한 사람은 신선한 공기와 아름다운 풍경을 통해 쾌감을 느꼈습니다. 자연 속에서의 경험은 그에게 큰 위안과 힐링을 제공했습니다.

5 예술 작품 감상 : 미술관을 방문해 감동적인 예술 작품을 감상한 사람은 작품의 아름다움과 예술가의 감정을 느끼며 큰 쾌감을 경험했습니다. 이 예술 경험은 그의 영혼을 풍요롭게 만들었습니다.

슬픔이란 무엇인가?

여러분! 안녕하십니까? 제 이름은 ○○○, ○○○입니다.
지금부터 2분 스피치를 시작하겠습니다.
오늘의 주제는 슬픔이란 무엇인가? 입니다.

여러분! 슬픔이란 무엇인가요?
슬픔이란 우리가 상실, 실망, 혹은 고통을 경험할 때 느끼는 깊은 감정입니다. 슬픔은 인간의 자연스러운 감정으로, 우리 삶의 다양한 순간에서 발생할 수 있습니다.
슬픔은 단순히 고통으로만 끝나지 않습니다. 슬픔을 통해 우리는 자신의 감정을 표현하고 치유할 수 있으며, 타인의 슬픔에 더 큰 공감을 할 수 있게 됩니다.

슬픔은 또한 우리의 내면을 성찰하게 하고, 삶의 진정한 가치와 의미를 되새기게 만듭니다. 슬픔의 순간은 비록 어렵지만, 이를 통해 우리는 더 강하고 깊이 있는 사람이 될 수 있습니다.

여러분! 슬픔은 우리 삶의 일부이며, 이를 받아들이고 표현하는 것이 중요합니다. 슬픔을 통해 우리는 성장하고, 더 나은 자신을 발견할 수 있습니다. 여러분도 슬픔을 두려워하지 말고, 이를 통해 자신을 치유하며 성장해 나가시길 바랍니다.

이상으로 2분 스피치를 모두 마치겠습니다.
감사합니다.

슬픔 극복 사례

1 사랑하는 사람의 상실 : 한 여인은 사랑하는 부모님을 잃고 큰 슬픔에 빠졌습니다. 하지만 그녀는 부모님과의 소중한 추억을 떠올리며 점차 슬픔을 극복하고, 부모님의 가르침을 통해 더 나은 삶을 살아가기로 결심했습니다. 그녀는 주변 사람들에게도 큰 위로와 영감을 주었습니다.

2 반려동물과의 이별 : 한 아이는 오랫동안 함께했던 반려동물을 잃고 슬픔에 잠겼습니다. 그러나 가족의 지지와 사랑으로 아이는 슬픔을 극복하고, 반려동물과의 추억을 소중히 간직하며 새로운 희망을 찾았습니다.

3 친구와의 갈등 : 한 사람은 오랜 친구와의 갈등으로 인해 큰 슬픔을 느꼈습니다. 시간이 지나면서 그는 친구와의 관계를 회복하기 위해 노력했으며, 결국 화해하며 더욱 깊은 우정을 쌓게 되었습니다. 이 과정에서 그는 관계의 소중함을 깨닫게 되었습니다.

4 꿈의 좌절 : 한 청년은 오랫동안 꿈꿔왔던 목표를 이루지 못하고 큰 실망과 슬픔을 느꼈습니다. 그러나 그는 좌절하지 않고 새로운 목표를 세우며 다시 도전했습니다. 그의 끈기와 노력은 결국 성공으로 이어졌고, 많은 사람에게 영감을 주었습니다.

5 재난으로 인한 슬픔 : 한 마을은 자연 재해로 인해 많은 피해를 입고 큰 슬픔을 겪었습니다. 그러나 주민들은 서로 도와가며 재건 작업을 시작했고, 마을은 점차 회복되었습니다. 이 과정에서 주민들은 공동체의 소중함과 희망의 힘을 깨닫게 되었습니다.

수치심이란 무엇인가?

여러분! 안녕하십니까? 제 이름은 ○○○, ○○○입니다.
지금부터 2분 스피치를 시작하겠습니다.
오늘의 주제는 수치심이란 무엇인가? 입니다.

여러분! 수치심이란 무엇인가요?
수치심이란 우리가 도덕적, 사회적으로 부끄러운 상황에 처했을 때 느끼는 감정입니다. 수치심은 우리가 다른 사람들 앞에서 자신의 행동이나 말이 부적절하다고 느낄 때, 혹은 자신이 기대한 기준에 미치지 못했을 때 경험합니다.
수치심의 감정은 우리의 자존감을 낮추고, 자신을 비하하는 생각을 불러일으킬 수 있습니다. 공공장소에서 실수를 하거나, 자신의 행동이 타인에게 부정적인 영향을 미쳤을 때 우리는 수치심을 느낍니다. 이러한 경험은 때로 우리의 행동을 반성하게 하고, 더 나은 선택을 하도록 이끌기도 합니다.

여러분! 수치심은 우리가 자신의 행동을 돌아보고 반성하는 데 중요한 역할을 합니다. 그러나 이를 과도하게 느끼지 않도록 주의하고, 자신의 잘못을 인정하되 자존감을 잃지 않는 것이 중요합니다. 여러분도 수치심을 통해 더 나은 자신을 발견하고, 성장해 나가시길 바랍니다

이상으로 2분 스피치를 모두 마치겠습니다.
감사합니다.

수치심 극복 사례

1 공공장소에서의 실수 : 한 사람이 공공장소에서 큰 실수를 저질러 많은 사람 앞에서 수치심을 느꼈습니다. 그러나 그는 이 경험을 통해 자신을 더 신중하게 행동하고, 실수를 교훈 삼아 더 나은 사람이 되기로 결심했습니다.

2 시험에서의 부정행위 : 한 학생은 시험 중 부정행위를 하다 적발되어 큰 수치심을 느꼈습니다. 그 후 그는 자신의 잘못을 반성하고, 정직하게 공부하여 다시는 같은 실수를 저지르지 않겠다고 다짐했습니다.

3 직장에서의 실수 : 한 직원은 중요한 회의에서 실수로 인해 동료들 앞에서 큰 수치심을 느꼈습니다. 그러나 그는 이 경험을 통해 더 철저하게 준비하고, 자신의 업무 능력을 향상시키기로 결심했습니다.

4 운동 경기에서의 패배 : 한 운동 선수는 중요한 경기에서 패배하여 많은 사람 앞에서 수치심을 느꼈습니다. 그러나 그는 이 경험을 통해 더 열심히 훈련하고, 다음 경기에서 더 나은 성과를 내기 위해 노력했습니다.

5 친구 앞에서의 실수 : 한 친구 모임에서 말실수를 하여 다른 친구들에게 웃음거리가 된 사람이 있었습니다. 그는 그 경험을 통해 더 신중하게 말을 하기로 다짐하고, 친구들과의 관계를 더 깊이 있게 유지하기 위해 노력했습니다.

복수심이란 무엇인가?

여러분! 안녕하십니까? 제 이름은 ○○○, ○○○입니다.
지금부터 2분 스피치를 시작하겠습니다.
오늘의 주제는 복수심이란 무엇인가? 입니다.

여러분! 복수심이란 무엇인가요?
복수심이란 우리가 부당한 대우나 상처를 받았을 때, 그로 인해 생긴 분노와 억울함을 해소하고자 하는 감정입니다.
복수심은 우리가 받은 고통을 그대로 돌려주고 싶은 욕구로, 종종 우리를 부정적인 행동으로 이끌 수 있습니다.
직장에서 동료에게 불공정한 대우를 받았을 때, 그 사람에게 똑같이 상처를 주고 싶은 마음이 들 수 있습니다. 그러나 복수심은 우리 자신과 주변 사람들에게 더 큰 상처와 갈등을 초래할 수 있습니다.

복수심은 우리의 정신 건강과 관계에 부정적인 영향을 미칠 수 있으므로, 자기에게 상처를 준 사람과 대화를 통해 문제를 해결하거나, 자신의 감정을 건강하게 표현하는 방법을 찾는 것이 필요합니다.

여러분! 복수심은 자연스러운 감정이지만, 이를 긍정적으로 다루는 것이 중요합니다. 여러분도 상처를 치유하고 복수심을 넘어 용서와 화해의 길을 선택하여 더 나은 삶을 살아가시길 바랍니다.

이상으로 2분 스피치를 모두 마치겠습니다.
감사합니다.

복수심 사례

1 직장에서의 복수심 : 한 직원은 상사로부터 불공정한 대우를 받아 복수심을 품게 되었습니다. 그는 상사의 지시를 고의적으로 무시하거나 실수를 유발시키려 했지만, 결국 이러한 행동은 팀의 성과를 저해하고 본인에게도 불이익을 초래했습니다.

2 학교에서의 괴롭힘 : 한 학생은 친구로부터 괴롭힘을 당해 복수심을 느끼게 되었습니다. 그는 친구에게 같은 방식으로 되갚아주려 했지만, 결과적으로 더 큰 갈등과 폭력을 초래하여 학교 분위기를 악화시켰습니다.

3 사회적 복수심 : 한 사람이 온라인 커뮤니티에서 공격적인 댓글을 받아 복수심을 느꼈습니다. 그는 동일한 방식으로 대응하며 상대방을 공격했지만, 결국 사이버 괴롭힘 문제는 더욱 심각해지고 자신도 비난을 받게 되었습니다.

4 개인 관계에서의 복수심 : 한 커플은 서로의 잘못을 되갚기 위해 복수심을 품고 행동했습니다. 그러나 이러한 행동은 결국 둘 사이의 신뢰와 사랑을 해치고, 관계를 회복하기 어렵게 만들었습니다. 이 경험을 통해 그들은 복수보다는 서로를 이해하고 용서하는 것이 중요함을 배웠습니다.

5 이웃 간의 복수심 : 한 이웃은 다른 이웃이 자신을 무시했다고 생각해 복수심을 품고 여러 가지로 불편을 주려고 했습니다. 그러나 이러한 행동은 결국 이웃 간의 갈등을 심화시키고, 지역 사회의 평화를 해쳤습니다. 이를 통해 그는 이웃 간의 화해와 협력이 중요함을 깨달았습니다.

스트레스란 무엇인가?

여러분! 안녕하십니까? 제 이름은 ○○○, ○○○입니다.
지금부터 2분 스피치를 시작하겠습니다.
오늘의 주제는 스트레스란 무엇인가? 입니다.

여러분! 스트레스란 무엇인가요?
스트레스란 우리가 도전적이거나 위협적인 상황에 직면했을 때 느끼는 신체적, 정신적 긴장을 말합니다.

스트레스는 일상 생활에서 피할 수 없는 부분이지만, 이를 잘 관리하는 것이 중요합니다. 스트레스는 우리를 경계 상태로 만들고, 문제를 해결하기 위한 에너지를 공급하는 긍정적인 역할도 하지만, 과도한 스트레스는 건강에 해로운 영향을 미칠 수 있습니다.
스트레스는 우리를 더 집중하게 만들고, 동기 부여를 줄 수 있지만 스트레스가 장기화되면 신체적 질병이나 정신적 문제를 일으킬 수 있습니다.

여러분! 스트레스는 우리 삶의 일부이며, 이를 잘 관리하는 것이 중요합니다. 여러분도 스트레스를 잘 다루어 더 건강하고 행복한 삶을 살아가시길 바랍니다.

이상으로 2분 스피치를 모두 마치겠습니다.
감사합니다.

스트레스 극복 사례

1 일론 머스크(Elon Musk) : 테슬라와 스페이스X의 창업자 일론 머스크는 초기에는 자금 부족과 여러 차례의 실패로 큰 스트레스를 받았습니다. 그는 끊임없는 노력과 도전 정신으로 결국 성공을 이루었고, 오늘날 전기차와 우주 산업에서 선도적인 위치를 차지하고 있습니다.

2 J.K. 롤링(J.K. Rowling) : 해리 포터 시리즈의 저자인 J.K. 롤링은 책을 출판하기 전까지 여러 출판사에서 거절당하고 경제적으로 어려운 상황을 겪었습니다. 그녀는 포기하지 않고 계속 글을 써 나갔고, 결국 해리 포터 시리즈가 큰 성공을 거두며 전 세계적으로 사랑받는 작가가 되었습니다.

3 오프라 윈프리(Oprah Winfrey) : 가난과 학대를 겪으며 어려운 어린 시절을 보냈던 오프라 윈프리는 힘든 환경을 극복하고 자신의 재능을 발휘하여 방송계에서 큰 성공을 이루었으며, 많은 사람들에게 영감을 주는 인물이 되었습니다.

4 헬렌 켈러(Helen Keller) : 어린 시절 시각과 청각을 잃었던 헬렌 켈러는 의사 소통에 큰 어려움을 겪었습니다. 그러나 앤 설리반이라는 훌륭한 교사의 도움으로 글을 배우고, 이후 작가와 사회 활동가로서 많은 사람에게 희망을 주었습니다.

5 넬슨 만델라(Nelson Mandela) : 남아프리카 공화국의 인종 차별 정책에 맞서 싸우다 27년간 감옥 생활을 한 만델라는 감옥에서의 시간을 견뎌내며 인종 차별 철폐를 위한 투쟁을 멈추지 않았고, 결국 남아프리카 공화국의 첫 흑인 대통령으로서 인종 화합을 이루어냈습니다.

50일차

우울이란 무엇인가?

여러분! 안녕하십니까? 제 이름은 ○○○, ○○○입니다.
지금부터 2분 스피치를 시작하겠습니다.
오늘의 주제는 우울이란 무엇인가? 입니다.

여러분! 우울이란 무엇인가요?
우울은 단순히 기분이 나쁜 것을 넘어서서, 우리의 일상 생활에 큰 영향을 미치는 감정입니다. 우울증은 피로감, 식욕 변화, 수면 문제, 집중력 저하 등 다양한 증상을 동반할 수 있습니다.

우울은 누구나 겪을 수 있으며, 이는 우리가 느끼는 슬픔, 좌절, 상실의 감정을 말합니다. 이러한 감정은 단순한 기분 저하와는 다르게, 오랜 기간 지속되며 일상생활에 영향을 줄 수 있습니다.
중요한 것은 우리가 이러한 우울의 감정을 무시하거나 억누르지 말고, 도움을 청하고 스스로를 돌보는 것입니다. 전문가의 상담을 받거나, 규칙적인 운동, 충분한 수면도 우울을 관리하는 데 큰 도움이 됩니다.

여러분! 우울은 결코 약점이 아닙니다. 그것을 인정하고 도움을 요청하는 것이 중요합니다. 우리 모두 서로를 도와가며 우울을 극복하여 밝고 희망찬 미래를 만들어 가시기 바랍니다.

이상으로 2분 스피치를 모두 마치겠습니다.
감사합니다.

우울 극복 사례

1 데미 로바토(Demi Lovato) : 가수 데미 로바토는 우울증과 약물 중독으로 큰 고통을 겪었습니다. 치료를 받고 가족과 친구들의 지지를 받아 극복하였으며, 자신의 경험을 바탕으로 다른 사람들에게도 도움을 주기 위해 활동하고 있습니다.

2 로빈 윌리엄스(Robin Williams) : 유명한 배우 로빈 윌리엄스는 평생 동안 우울증과 싸웠습니다. 비록 어려운 싸움이었지만, 그의 유머와 연기력을 통해 많은 사람들에게 기쁨을 주었고, 자신의 고통을 예술로 승화시켰습니다.

3 레이디 가가(Lady Gaga) : 가수 레이디 가가는 우울증과 불안장애로 어려움을 겪었습니다. 그녀는 치료를 받고 운동과 명상, 창작 활동을 통해 정신 건강을 유지하며, 자신의 경험을 공개적으로 이야기하여 다른 사람들에게도 용기를 주고 있습니다.

4 윈스턴 처칠(Winston Churchill) : 영국의 전 총리 윈스턴 처칠은 "검은 개"라 부르는 우울증을 평생 겪었습니다. 그러나 그는 자신의 우울증을 인정하고, 일과 창작 활동, 가족의 지지 덕분에 이를 관리하고 극복하였습니다.

5 에이미 와인하우스(Amy Winehouse) : 가수 에이미 와인하우스는 우울증과 중독 문제로 큰 고통을 겪었습니다. 비록 그녀는 결국 비극적인 결말을 맞이했지만, 그녀의 음악은 많은 사람에게 위로와 용기를 주었으며, 정신 건강 문제에 대한 인식을 높이는 데 기여했습니다.

51일차

포기란 무엇인가?

여러분! 안녕하십니까? 제 이름은 ○○○, ○○○입니다.
지금부터 2분 스피치를 시작하겠습니다.
오늘의 주제는 포기란 무엇인가? 입니다.

여러분! 포기란 무엇인가요?
포기란 목표를 향해 가던 도중 더 이상 지속하지 않기로 결정하는 것을 의미합니다. 일반적으로 우리는 포기를 부정적으로 생각하지만, 때로는 현명한 판단이 될 수도 있습니다. 하지만 중요한 것은, 진정으로 의미 있는 목표를 포기하지 않는 것입니다.

삶에는 수많은 어려움이 존재합니다. 그 과정에서 포기에 대한 유혹이 올 때, 우리는 자신에게 두 가지 질문을 던져야 합니다. 이 목표가 정말 가치 있는가? 그리고 극복이 가능한가?
이 두 가지 질문에 대한 답이 '예스'라면, 우리는 결코 포기해서는 안 됩니다.

여러분! 우리는 포기를 극복하는 과정에서 성장합니다.
포기하지 않는 사람들이 결국 성공합니다
포기는 끝이 아니라, 더 강해지는 과정입니다. 결코 포기하지 말고 꿈을 이루시길 바랍니다.

이상으로 2분 스피치를 모두 마치겠습니다.
감사합니다.

포기 극복 사례

1 마이클 조던 : 실패를 딛고 농구계의 전설이 되다.
고등학교 때 농구팀에서 탈락했지만 포기하지 않았습니다. 이후 끊임없는 노력으로 NBA의 전설적인 선수가 되었습니다.

2 J.K. 롤링 : 수많은 거절을 극복하고 베스트셀러 작가가 되다.
그녀는 해리포터 원고가 여러 출판사에서 거절당했습니다. 하지만 포기하지 않고 계속 시도한 끝에 세계적인 작가가 되었습니다.

3 스티브 잡스 : 인생의 위기를 극복하고 애플을 성공시키다.
애플에서 해고당하는 위기를 겪었지만, 다시 도전해 결국 애플을 세계적인 기업으로 성장시켰습니다.

4 일론 머스크 : 수많은 실패에도 도전을 멈추지 않다.
스페이스X의 로켓 발사는 여러 차례 실패했지만, 그는 포기하지 않았고 결국 민간 우주 산업을 혁신했습니다.

5 넬슨 만델라 : 인생의 27년을 감옥에서 보내고도 포기하지 않다.
27년간 감옥에 갇혔지만 포기하지 않았습니다. 결국 남아프리카공화국의 대통령이 되어 인종차별을 철폐하는 데 앞장섰습니다.

좌절이란 무엇인가?

여러분! 안녕하십니까? 제 이름은 ○○○, ○○○입니다.
지금부터 2분 스피치를 시작하겠습니다.
오늘의 주제는 좌절이란 무엇인가? 입니다.

여러분! 좌절이란 무엇인가요?
좌절은 우리 모두가 살면서 한 번쯤은 겪게 되는 감정입니다. 좌절은 우리가 목표를 이루기 위해 노력하는 과정에서 경험하는 실패나 장애물로 인해 생기는 감정입니다. 좌절의 감정은 우리가 계획한 대로 일이 풀리지 않거나, 예상치 못한 어려움에 부딪혔을 때 찾아옵니다. 하지만 중요한 것은 이 좌절을 어떻게 극복하고, 이를 통해 어떻게 성장하느냐입니다. 좌절은 우리를 더욱 강하게 만들고, 우리의 한계를 시험하는 도구가 될 수 있습니다.

좌절을 극복하기 위해서는 긍정적인 마음가짐과 끈기가 필요합니다. 우리는 좌절을 통해 자신을 돌아보고, 더 나은 방법을 모색하며, 더욱 단단해질 수 있습니다.

여러분! 좌절은 우리의 성장을 위한 중요한 과정 중 하나입니다. 이를 통해 우리는 더 강해지고, 더 지혜로워질 수 있습니다. 좌절을 결코 두려워하지 말고, 끊임없이 도전하며 앞으로 나아가시기 바랍니다.

이상으로 2분 스피치를 모두 마치겠습니다.
감사합니다.

좌절 극복 사례

1 엠마 스톤(Emma Stone) : 엠마 스톤은 어린 시절부터 심한 불안 장애와 공황 발작을 겪었습니다. 그녀는 심리 치료와 명상, 그리고 연기를 통해 불안을 극복하며 성공적인 연기 활동을 이어가고 있습니다.

2 마이클 펠프스(Michael Phelps) : 마이클 펠프스는 경력 중 여러 차례 심한 불안과 우울을 경험했습니다. 그는 치료와 상담, 운동을 통해 정신 건강을 관리하며 올림픽 금메달리스트로서 성공을 거두었습니다.

3 셀레나 고메즈(Selena Gomez) : 셀레나 고메즈는 불안 장애와 우울증으로 어려움을 겪었습니다. 그녀는 치료와 약물, 심리 상담을 통해 정신 건강을 관리하며 많은 사람에게 용기를 주고 있습니다.

4 레이디 가가(Lady Gaga) : 레이디 가가는 불안 장애와 외상 후 스트레스 장애로 큰 고통을 겪었습니다. 그녀는 치료와 명상, 창작 활동을 통해 불안을 극복하며 정신 건강 문제에 대한 인식을 높이고 있습니다.

5 존 그린 (John Green) : 존 그린은 불안 장애와 강박 장애로 어려움을 겪었습니다. 그는 치료와 상담, 글쓰기를 통해 불안을 극복하며 자신의 경험을 담은 소설로 많은 사람에게 공감과 위로를 주고 있습니다.

53일차

불안이란 무엇인가?

여러분! 안녕하십니까? 제 이름은 ○○○, ○○○입니다.
지금부터 2분 스피치를 시작하겠습니다.
오늘의 주제는 불안이란 무엇인가? 입니다.

여러분! 불안이란 무엇인가요?
불안은 우리가 일상생활에서 느끼는 흔한 감정 중 하나입니다. 불안의 감정은 미래에 대한 걱정, 중요한 일에 대한 긴장감, 불확실성에서 오는 두려움 등 다양한 원인으로 발생할 수 있습니다.
과도한 불안은 우리의 삶에 부정적인 영향을 미칠 수 있습니다. 집중력을 떨어뜨리고, 잠을 이루지 못하게 하며, 심리적 고통을 초래할 수 있습니다.
불안을 극복하기 위해서는 자신을 이해하고, 스트레스 요인을 파악하며, 이를 해결하기 위한 구체적인 계획을 세우는 것이 중요합니다. 규칙적인 운동과 건강한 식습관, 충분한 수면, 명상과 같은 방법들도 불안을 완화하는 데 큰 도움이 됩니다. 주변 사람들과 이야기하고, 전문가의 도움을 받는 것도 효과적인 방법입니다.

여러분! 불안은 누구나 느낄 수 있는 감정이며, 이를 극복할 수 있는 방법도 다양합니다. 불안의 감정을 무시하지 않고, 건강하게 관리하여 늘 건강하시기 바랍니다.

이상으로 2분 스피치를 모두 마치겠습니다.
감사합니다.

불안 극복 사례

1 엠마 스톤(Emma Stone) : 엠마 스톤은 어린 시절부터 심한 불안 장애와 공황 발작을 겪었지만, 심리 치료와 명상, 그리고 연기를 통해 불안을 극복하며 성공적인 연기 활동을 이어가고 있습니다.

2 마이클 펠프스(Michael Phelps) : 마이클 펠프스는 경력 중 여러 차례 심한 불안과 우울을 경험했지만, 치료와 상담, 운동을 통해 정신 건강을 관리하며 올림픽 금메달리스트로서 성공을 거두었습니다.

3 셀레나 고메즈(Selena Gomez) : 셀레나 고메즈는 불안 장애와 우울증으로 어려움을 겪었지만, 치료와 약물, 심리 상담을 통해 정신 건강을 관리하며 많은 사람에게 용기를 주고 있습니다.

4 레이디 가가(Lady Gaga) : 레이디 가가는 불안 장애와 외상 후 스트레스 장애로 큰 고통을 겪었지만, 치료와 명상, 창작 활동을 통해 불안을 극복하며 정신 건강 문제에 대한 인식을 높이고 있습니다.

5 존 그린(John Green) : 존 그린은 불안 장애와 강박 장애로 어려움을 겪었지만, 치료와 상담, 글쓰기를 통해 불안을 극복하며 자신의 경험을 담은 소설로 많은 사람에게 공감과 위로를 주고 있습니다.

54일차

격정이란 무엇인가?

여러분! 안녕하십니까? 제 이름은 ○○○, ○○○입니다.
지금부터 2분 스피치를 시작하겠습니다.
오늘의 주제는 격정이란 무엇인가? 입니다.

여러분! 격정이란 무엇인가요?
격정은 단순한 열정을 넘어서, 우리의 삶을 변화시키는 강력한 에너지를 말합니다. 격정은 우리가 중요한 목표를 추구할 때, 또는 우리의 꿈을 실현하려고 할 때 나타나는 깊고 강렬한 감정입니다.

격정은 단순한 감정의 차원을 넘어서, 우리의 행동과 생각을 지배합니다. 격정은 도전을 받아들이고, 그 속에서 성장을 추구하게 만듭니다. 격정은 우리가 사랑하는 일을 하거나, 의미 있는 관계를 맺을 때 우리의 삶을 더욱 풍요롭게 만듭니다. 이러한 감정은 우리의 삶에 활력을 불어넣고, 매 순간을 더욱 값지게 만듭니다.

여러분! 여러분도 자신의 격정을 찾아보세요. 그리고 그것을 키워 나가세요. 격정은 우리의 삶을 더 의미 있고 풍요롭게 만드는 중요한 열쇠입니다. 격정을 통해 여러분의 꿈을 실현하고, 더 나은 미래를 만들어가시길 바랍니다.

이상으로 2분 스피치를 모두 마치겠습니다.
감사합니다.

격정 사례

1 스포츠 선수의 열정 : 프로 운동선수들이 경기에 임할 때 느끼는 열정과 헌신은 대표적인 격정의 사례입니다. 그들은 경기에서 최고를 다하기 위해 끊임없이 훈련하고, 부상의 위험을 감수하며, 어려운 순간에도 포기하지 않습니다.

2 예술가의 창작 : 예술가들이 작품을 창작할 때 느끼는 강렬한 감정도 격정의 한 예입니다. 음악가, 화가, 작가 등 예술가들은 자신의 작품에 몰두하며, 창작 과정에서 깊은 감정적 경험을 하게 됩니다. 이들은 자신의 예술을 통해 세상에 메시지를 전달하고자 하는 강한 열망을 가지고 있습니다.

3 사업가의 도전 : 성공적인 사업가들은 새로운 아이디어와 비즈니스 기회를 추구할 때 격정을 느낍니다. 그들은 자신의 비전을 실현하기 위해 끊임없이 노력하고, 실패에도 굴하지 않으며, 혁신을 통해 세상을 변화시키고자 합니다.

4 사회 활동가의 헌신 : 사회 문제 해결을 위해 노력하는 활동가들도 격정의 감정을 경험합니다. 그들은 정의와 평등을 추구하며, 사회 변화를 위해 헌신합니다. 그들의 열정은 사회적 이슈에 대한 인식을 높이고, 더 나은 세상을 만들기 위해 노력하는 원동력이 됩니다.

5 교육자의 사랑 : 학생들에게 지식을 전달하고 그들의 성장을 돕는 교육자들도 격정을 느낍니다. 교사와 교수들은 학생들의 잠재력을 발휘할 수 있도록 지원하며, 교육을 통해 더 나은 미래를 만들어 가고자 하는 열정을 가지고 있습니다.

영웅이란 무엇인가?

여러분! 안녕하십니까? 제 이름은 ○○○, ○○○입니다.
지금부터 2분 스피치를 시작하겠습니다.
오늘의 주제는 영웅이란 무엇인가? 입니다.

여러분! 영웅이란 무엇인가요?
영웅은 단순히 힘이 세고 용감한 사람을 의미하지 않습니다. 영웅은 자신의 안락함을 포기하고, 타인을 위해 자신을 희생하는 사람입니다. 영웅은 어려운 상황에서도 정의와 진실을 지키기 위해 노력하며, 사회적, 도덕적 기준을 고수하는 사람입니다.

영웅은 헌신과 희생의 정신을 갖춘 사람입니다. 예를 들어, 재난 현장에서 자신의 목숨을 걸고 다른 사람들을 구조하는 소방관이나 구급대원은 진정한 영웅입니다. 영웅은 우리 주변에 있는 평범한 사람들일 수 있습니다. 부모님들이나 선생님들처럼 우리의 성장을 위해 아낌없이 사랑과 지도를 해주는 사람들 역시 영웅입니다

여러분! 영웅은 우리가 본받아야 할 귀감입니다. 우리도 영웅처럼 정의롭고 용기 있게 살아가며, 타인을 돕는 삶을 살아가야 합니다. 여러분도 여러분만의 영웅을 찾고, 그들의 이야기를 통해 자신만의 영웅적 행동을 실천해 보시기 바랍니다.

이상으로 2분 스피치를 모두 마치겠습니다.
감사합니다.

영웅 사례

1. **치유의 영웅 - 플로렌스 나이팅게일** : 나이팅게일은 현대 간호의 창시자로, 크림 전쟁 동안 부상자들을 돌보며 헌신했습니다. 그녀의 헌신과 혁신적인 간호 방법은 많은 생명을 구했고, 오늘날까지도 의료 분야에 큰 영향을 미치고 있습니다.

2. **교육의 영웅 - 말랄라 유사프자이** : 말랄라는 여성 교육 권리를 옹호하는 활동으로 유명합니다. 그녀는 탈레반의 위협에도 굴하지 않고, 전 세계적으로 여성들의 교육 권리를 위해 목소리를 높였습니다. 그녀의 용기와 열정은 많은 사람에게 영감을 주었습니다.

3. **구조의 영웅 - 해상 구조대원들** : 해양 사고 현장에서 인명 구조를 위해 목숨을 걸고 헌신하는 해상 구조대원들도 영웅입니다. 그들은 위험한 상황에서도 망설임 없이 사람들을 구하기 위해 최선을 다합니다.

4. **정의의 영웅 - 넬슨 만델라** : 만델라는 아파르트헤이트 철폐를 위해 평생을 헌신한 인물입니다. 그의 용기와 결단력은 남아프리카 공화국의 인종 차별 정책을 끝내는 데 큰 기여를 했으며, 전 세계적으로 인권과 자유를 위한 상징이 되었습니다.

5. **환경의 영웅 - 그레타 툰베리** : 그레타는 기후 변화에 대한 인식을 높이기 위해 열정적으로 활동하는 젊은 환경 운동가입니다. 그녀의 활동은 많은 사람들에게 기후 변화를 직시하고, 이를 해결하기 위한 행동을 촉구하는 데 큰 영향을 미쳤습니다.

56일차

태도란 무엇인가?

여러분! 안녕하십니까? 제 이름은 ○○○, ○○○입니다.
지금부터 2분 스피치를 시작하겠습니다.
오늘의 주제는 태도란 무엇인가? 입니다.

여러분! 태도란 무엇인가요?
태도는 우리가 상황에 어떻게 반응하고, 주변 사람들과 어떻게 상호작용하는지를 결정짓는 중요한 요소입니다.
태도는 우리의 생각, 감정, 행동을 형성하는 내면적인 자세이며, 우리 삶의 방향을 결정짓는 강력한 힘입니다.
태도는 성공의 중요한 요소입니다. 성공적인 사람들은 대부분 긍정적이고 결단력 있는 태도를 가지고 있습니다. 그들은 실패를 두려워하지 않고, 도전을 기회로 받아들입니다. 태도는 우리 자신을 성장시키는 데 중요한 역할을 합니다. 열린 마음과 긍정적인 태도를 가지면, 새로운 지식을 받아들이고, 자신의 한계를 넘어서려고 노력하게 됩니다.

여러분! 태도는 우리의 일상 속 작은 순간들에도 큰 영향을 미칩니다. 다정한 미소와 친절한 말 한마디가 타인에게 큰 힘이 될 수 있습니다. 우리모두 당당하고 친절한 태도로 우리의 삶을 긍정적으로 변화시켜 나가시길 바랍니다.

이상으로 2분 스피치를 모두 마치겠습니다.
감사합니다.

태도 사례

1 네거티브를 포지티브로 전환한 태도 : J.K. 롤링은 여러 출판사에서 해리 포터 원고를 거절당했지만 포기하지 않았습니다. 그녀는 긍정적인 태도를 유지하며 끊임없이 도전했고, 결국 세계적인 베스트셀러 작가가 되었습니다.

2 어려운 환경에서의 긍정적 태도 : 네이티브 아메리칸 농구 선수 쉐오니 스코워스키는 어려운 환경에서 자랐지만, 긍정적인 태도로 꿈을 이루기 위해 노력했습니다. 그는 자신의 고통과 좌절을 에너지로 바꾸어, 끝내 성공적인 선수로 성장할 수 있었습니다.

3 일상 속에서의 친절한 태도 : 어느 날 한 고등학생이 낯선 노인에게 버스에서 자리를 양보한 사례가 있습니다. 그 작은 행동이 노인에게 큰 감동을 주었고, 그 노인은 학생의 학교에 큰 기부를 하게 되었습니다. 이는 일상의 작은 태도 변화가 큰 결과를 가져올 수 있음을 보여줍니다.

4 도전에 맞선 태도 : 스티브 잡스는 애플에서 해고당한 뒤에도 포기하지 않고, 긍정적인 태도로 새로운 도전에 맞서며 Next와 Pixar를 설립했습니다. 그의 긍정적인 태도와 열정 덕분에 애플로 돌아와 회사의 혁신을 이끌었습니다.

5 봉사와 헌신의 태도 : 테레사 수녀는 평생을 가난하고 병든 사람들을 돕기 위해 헌신했습니다. 그녀의 헌신적인 태도와 사랑은 전 세계적으로 많은 사람에게 영감을 주었고, 인류애의 본보기가 되었습니다.

57일차

문화란 무엇인가?

여러분! 안녕하십니까? 제 이름은 ○○○, ○○○입니다.
지금부터 2분 스피치를 시작하겠습니다.
오늘의 주제는 문화란 무엇인가? 입니다.

여러분! 문화란 무엇인가요?
문화는 우리의 삶 속에서 다양한 형태로 나타나는 복합적인 개념입니다. 문화는 우리가 사는 방식, 믿는 가치, 그리고 서로 상호작용하는 방법을 포함하는 개념입니다.

문화는 우리의 일상 생활에 깊이 뿌리내리고 있습니다. 우리의 언어, 음식, 예술, 음악, 전통 등은 모두 문화의 중요한 요소들입니다. 이러한 요소들은 우리가 공유하는 경험과 기억을 통해 형성되고, 세대를 거쳐 전달됩니다.
문화는 우리가 서로를 존중하고, 협력하며, 더 나은 사회를 만들기 위한 지침이 됩니다. 서로 다른 문화를 이해하고 존중하는 것은 글로벌 사회에서 중요한 덕목이 됩니다.

여러분! 문화는 단순한 전통이나 관습을 넘어, 우리 삶의 모든 면에서 깊은 영향을 미치는 중요한 요소입니다. 문화의 다양성을 존중하고, 이를 통해 더 나은 미래를 만들어가시기 바랍니다.

이상으로 2분 스피치를 모두 마치겠습니다.
감사합니다.

문화 사례

1 한류 : 한국의 대중문화, 특히 K-팝, 드라마, 영화 등이 세계적으로 인기를 끌고 있습니다. BTS, 블랙핑크와 같은 아이돌 그룹은 전 세계 팬들에게 큰 영향을 미치고 있으며, 한국의 전통문화를 알리는 중요한 역할을 하고 있습니다.

2 이탈리아의 음식 문화 : 이탈리아는 피자, 파스타, 젤라토 등으로 유명한데, 이러한 음식들은 전 세계적으로 사랑받고 있습니다. 이탈리아의 음식 문화는 단순한 요리를 넘어, 가족과의 식사 시간을 중요하게 여기며, 정성과 열정을 담아 음식을 준비하는 전통을 반영합니다.

3 일본의 전통 예술 : 일본의 다도(茶道)는 차를 마시는 의식을 통해 정신적인 수양과 예절을 중요하게 여기는 전통 예술입니다. 다도는 차를 준비하고 마시는 과정에서 단순한 행동이 아닌, 깊은 철학과 미학을 담고 있습니다. 이는 일본 문화의 정서를 잘 나타내는 예입니다.

4 미국의 독립기념일 : 매년 7월 4일, 미국은 독립기념일을 기념합니다. 이날은 미국의 독립을 기념하는 날로, 불꽃놀이, 퍼레이드, 가족과 친구들과의 바비큐 파티 등 다양한 축제가 열립니다. 이는 미국의 역사와 가치를 되새기며, 국민에게 소속감과 자긍심을 심어줍니다.

5 인도의 디왈리 축제 : 디왈리는 인도의 가장 큰 힌두교 축제 중 하나로, 빛의 축제라고도 불립니다. 이 기간 동안 사람들은 집을 깨끗이 하고, 전구와 촛불로 장식하며, 가족과 친구들과 함께 음식을 나누고 기쁨을 나눕니다. 디왈리는 선의 승리와 악의 패배를 상징하며, 인도 문화의 다채로움을 잘 보여줍니다.

58일차

창의성이란 무엇인가?

여러분! 안녕하십니까? 제 이름은 ○○○, ○○○입니다.
지금부터 2분 스피치를 시작하겠습니다.
오늘의 주제는 창의성이란 무엇인가? 입니다.

여러분! 창의성이란 무엇인가요?
창의성은 우리 모두가 지니고 있는 특별한 능력입니다. 창의성은 새로운 아이디어를 생각해내고, 문제를 해결하며, 독창적인 방법으로 자신을 표현할 수 있는 능력을 말합니다.

창의성은 단순한 기술적 능력을 넘어, 우리의 일상 생활과 모든 분야에서 중요한 역할을 합니다. 창의적인 사람들은 다양한 관점에서 문제를 바라보고, 독창적인 해결책을 찾아냅니다.
창의성은 혁신과 발전의 원동력입니다. 기술, 과학, 비즈니스 등 다양한 분야에서 창의적인 사고는 새로운 아이디어와 혁신을 이끌어냅니다.

여러분! 창의성은 우리 모두가 가지고 있는 잠재력입니다. 창의성은 우리의 삶을 더욱 풍요롭게 하고, 혁신을 이끌어가는 중요한 능력입니다. 여러분도 자신의 창의성을 발견하고, 이를 통해 더 나은 미래를 만들어가시길 바랍니다.

이상으로 2분 스피치를 모두 마치겠습니다.
감사합니다.

창의성 사례

1 애플의 아이폰 : 스티브 잡스와 애플 팀은 기존의 휴대전화를 혁신적으로 변화시킨 아이폰을 개발했습니다. 이들은 단순한 전화 기능을 넘어, 터치스크린과 다양한 애플리케이션을 결합하여 휴대전화의 새로운 시대를 열었습니다.

2 디즈니 애니메이션 : 월트 디즈니는 창의적인 아이디어로 애니메이션 산업을 혁신했습니다. 그는 첫 장편 애니메이션 영화인 '백설공주와 일곱 난쟁이'를 제작하여, 애니메이션이 단순한 단편 만화에서 예술의 한 형태로 인정받을 수 있도록 했습니다. 디즈니의 창의적인 비전은 오늘날에도 많은 사람들에게 영감을 주고 있습니다.

3 테슬라의 전기 자동차 : 일론 머스크와 테슬라 팀은 기존의 내연기관 자동차를 대체할 수 있는 전기 자동차를 개발했습니다. 이들은 전기차의 성능과 디자인을 혁신하여, 친환경 자동차 산업의 선두주자로 자리매김했습니다.

4 레고의 창의적 놀이 : 레고는 단순한 장난감을 넘어, 무한한 창의성을 발휘할 수 있는 블록을 개발했습니다. 레고 블록을 사용하면 어린이와 성인 모두 자신만의 독창적인 작품을 만들 수 있습니다.

5 구글의 혁신적인 사무 환경 : 구글은 직원들이 자유롭게 아이디어를 낼 수 있는 창의적인 사무 환경을 조성했습니다. 그 결과, 구글은 혁신적인 제품과 서비스를 지속적으로 개발하며, 전 세계적으로 큰 영향을 미치고 있습니다. 이는 창의적인 환경이 어떻게 혁신을 촉진하는지를 잘 보여줍니다.

동기란 무엇인가?

여러분! 안녕하십니까? 제 이름은 ○○○, ○○○입니다.
지금부터 2분 스피치를 시작하겠습니다.
오늘의 주제는 동기란 무엇인가? 입니다.

여러분! 동기란 무엇인가요?
동기는 우리가 행동하고 목표를 추구하는 데 있어 중요한 원동력입니다. 동기는 우리의 내면에서 비롯된 열망과 욕구로, 우리가 무엇을 하고 왜 그것을 하는지를 설명해줍니다.

동기는 우리의 삶에 의미와 방향을 부여하며, 성공과 성취를 이끄는 중요한 요소입니다.
동기는 우리가 목표를 설정하고, 그 목표를 달성하기 위해 필요한 행동을 하도록 동기를 부여합니다.
동기는 우리의 잠재력을 최대한 발휘할 수 있게 해줍니다. 강한 동기를 가진 사람은 자신의 한계를 뛰어넘고, 어려운 상황에서도 포기하지 않고 계속해서 도전할 수 있습니다.

여러분! 동기는 우리의 삶에서 매우 중요한 요소입니다. 여러분도 자신의 동기를 발견하고, 이를 통해 더 나은 미래를 향해 나아가시길 바랍니다.

이상으로 2분 스피치를 모두 마치겠습니다.
감사합니다.

동기유발 사례

1 마라톤 완주를 목표로 한 다이어트 : 한 직장인은 건강을 회복하고 체중을 감량하기 위해 마라톤 완주를 목표로 삼았습니다. 그는 매일 아침 일찍 일어나 규칙적으로 달리기를 하고, 건강한 식습관을 유지하며 꾸준히 노력했습니다. 결국, 그는 마라톤을 완주하고, 목표 체중에 도달했습니다.

2 창업 성공을 향한 도전 : 한 대학생은 자신만의 스타트업을 시작하기로 결심했습니다. 그는 자신의 아이디어를 실현하기 위해 밤낮없이 노력하며, 실패와 좌절에도 포기하지 않았습니다. 결국 그는 성공적으로 자금을 조달하고, 자신의 스타트업을 성장시키는 데 성공했습니다.

3 지속 가능한 환경을 위한 활동 : 한 환경운동가는 기후 변화를 막기 위해 다양한 활동을 펼쳤습니다. 그는 지역 사회에서 재활용 프로그램을 시작하고, 학교에서 환경 교육을 진행하며, 온라인 캠페인을 통해 사람들의 인식을 높였습니다.

4 자기 개발을 위한 공부 : 한 직장인은 자신의 커리어를 발전시키기 위해 새로운 기술을 배우기로 결심했습니다. 그는 퇴근 후 저녁 시간을 활용해 온라인 강의를 듣고, 주말에도 공부를 게을리하지 않았습니다. 결국 그는 새로운 자격증을 취득하고, 회사에서 승진을 이루었습니다.

5 사회적 기여를 위한 봉사 활동 : 한 청소년은 지역 사회의 노인들을 돕기 위해 자원봉사에 참여하기로 결심했습니다. 그는 정기적으로 노인들을 방문하여 말벗이 되어주고, 필요한 도움을 제공했습니다. 그의 따뜻한 마음과 봉사 정신이 많은 사람에게 감동을 주었고, 주변 사람들도 자원봉사에 참여하게 하는 동기를 제공했습니다.

자신감이란 무엇인가?

여러분! 안녕하십니까? 제 이름은 ○○○, ○○○입니다.
지금부터 2분 스피치를 시작하겠습니다.
오늘의 주제는 자신감이란 무엇인가? 입니다.

여러분! 자신감이란 무엇인가요?
자신감은 우리 삶에서 매우 중요한 역할을 합니다. 자신감은 자신에 대한 긍정적인 믿음과 신뢰를 의미하며, 우리가 목표를 달성하고, 도전적인 상황에서도 굴하지 않고 나아갈 수 있게 해주는 원동력입니다. 자신감은 우리의 능력을 최대한 발휘할 수 있게 합니다. 자신감이 있는 사람은 자신의 능력을 신뢰하고, 도전과제를 기꺼이 받아들입니다.
자신감은 인간관계에도 긍정적인 영향을 미칩니다. 자신감 있는 사람은 타인과의 상호작용에서 긍정적이고 주도적인 태도를 취할 수 있습니다. 자신감은 어려운 상황에서도 포기하지 않게 해줍니다. 자신감 있는 사람은 실패를 두려워하지 않고, 실패를 통해 배우며 성장합니다.

여러분! 자신감은 우리의 삶에서 매우 중요한 요소입니다. 여러분도 끊임없는 연습과 훈련으로 자신의 자신감을 키우고, 이를 통해 더욱더 멋진 삶을 살아가시길 바랍니다.

이상으로 2분 스피치를 모두 마치겠습니다.
감사합니다.

자신감 사례

1 연설자의 자신감 : 미국의 유명 정치가 마틴 루서 킹 주니어는 자신의 연설 'I Have a Dream'을 통해 인종차별 철폐 운동을 이끌었습니다. 그의 자신감 넘치는 연설은 많은 사람에게 큰 영감을 주었고, 미국 사회에 큰 변화를 가져왔습니다.

2 운동 선수의 자신감 : 농구 선수 마이클 조던은 경기에서 실패와 좌절을 겪었지만, 자신감을 잃지 않았습니다. 그의 자신감과 열정 덕분에 그는 NBA 역사상 최고의 선수로 평가받게 되었습니다. 조던의 자신감은 팀 동료들에게도 긍정적인 영향을 미쳤습니다.

3 사업가의 자신감 : 아마존의 창립자 제프 베조스는 온라인 서점으로 시작하여 전 세계적으로 가장 큰 전자상거래 기업으로 성장시켰습니다. 그의 자신감과 비전이 아마존의 성공을 이끌었고, 새로운 혁신을 이루어냈습니다.

4 교육자의 자신감 : 헬렌 켈러의 교사 앤 설리번은 헬렌 켈러에게 글을 가르치는 데 큰 자신감을 가지고 접근했습니다. 그녀의 자신감 있는 교육 방법 덕분에 헬렌 켈러는 시각과 청각 장애를 극복하고, 성공적인 작가이자 활동가가 될 수 있었습니다.

5 예술가의 자신감 : 피카소는 자신의 독특한 예술적 스타일을 확립하는 데 큰 자신감을 보였습니다. 그의 작품은 기존의 미술 관념을 깨고, 새로운 예술 운동인 큐비즘을 탄생시켰습니다. 피카소의 자신감 있는 태도는 예술계에 큰 영향을 미쳤습니다.

초라함이란 무엇인가?

여러분! 안녕하십니까? 제 이름은 ○○○, ○○○입니다.
지금부터 3분 스피치를 시작하겠습니다.
오늘의 주제는 초라함이란 무엇인가? 입니다.

여러분! 초라함이란 무엇인가요?
초라함은 우리가 종종 겪는 감정 중 하나로, 자신의 모습이나 상황에 대해 부족함을 느끼는 상태를 의미합니다. 초라함은 우리의 자존감과 자신감을 낮추고, 때로는 우리를 무기력하게 만들기도 합니다. 그러나 초라함은 그저 부정적인 감정이 아니라, 우리가 성장하고 발전할 수 있는 기회가 될 수도 있습니다.

첫 번째로, 초라함은 우리의 내면을 돌아보게 하는 기회입니다. 우리는 종종 타인과 자신을 비교하며 초라함을 느끼게 됩니다. 그러나 이러한 비교는 우리를 발전시키는 데 도움이 될 수 있습니다. 자신의 부족함을 인식하고, 이를 개선하기 위한 노력을 통해 우리는 더 나은 자신이 될 수 있습니다. 예를 들어, 어떤 사람이 자신의 능력이 다른 사람들보다 부족하다고 느낀다면, 이를 극복하기 위해 더 많은 노력을 기울일 수 있습니다.

두 번째로, 초라함은 우리에게 겸손을 가르쳐줍니다. 우리는 모두 완벽하지 않으며, 누구나 부족한 부분이 있습니다. 이러한 사실을 인정하고 받아들이는 것은 매우 중요합니다. 초라함을 통해 우리는 겸손함을 배우고, 타인의 도움을 받아들이며, 더 나은 인간관계를 형성할 수 있습니다.

세 번째로, 초라함은 우리에게 새로운 동기와 목표를 제공할 수 있습니다. 우리는 초라함을 느낄 때, 이를 극복하기 위해 새로운 목표를 세우고 도전할 수 있습니다. 이러한 과정에서 우리는 성장하고, 더 강해질 수 있습니다. 예를 들어, 어떤 운동선수가 자신의 성과에 만족하지 못한다면, 더 높은 목표를 설정하고 이를 달성하기 위해 노력할 수 있습니다.

마지막으로, 초라함은 우리에게 진정한 행복의 의미를 깨닫게 합니다. 우리는 물질적인 것이나 외적인 모습에 너무 집착할 때 초라함을 느낄 수 있습니다. 그러나 진정한 행복은 내면에서 오는 것입니다. 우리가 자신의 본질적인 가치를 깨닫고, 내면의 평화를 찾을 때, 우리는 초라함을 극복하고 진정한 행복을 누릴 수 있습니다.

여러분! 초라함은 단순한 부정적인 감정이 아니라, 우리를 성장시키고 발전시킬 수 있는 중요한 기회입니다. 여러분도 끊임없는 연습과 훈련으로 자신의 초라함을 극복하고 보다 나은 자신으로 성장해 가시길 바랍니다.

이상으로 3분 스피치를 모두 마치겠습니다.
감사합니다.

칭찬이란 무엇인가?

여러분! 안녕하십니까? 제 이름은 ○○○, ○○○입니다.
지금부터 3분 스피치를 시작하겠습니다.
오늘의 주제는 칭찬이란 무엇인가? 입니다.

여러분! 칭찬이란 무엇인가요?
칭찬은 우리가 일상 생활에서 자주 접하는 긍정적인 표현 중 하나입니다. 칭찬은 다른 사람의 행동이나 성과를 인정하고, 그들의 노력을 격려하는 중요한 방법입니다. 칭찬은 단순한 말 이상의 의미를 가지며, 우리의 관계와 삶에 큰 영향을 미칩니다.

첫 번째로, 칭찬은 사람들에게 자신감을 심어줍니다. 우리는 다른 사람의 칭찬을 받을 때, 자신의 가치를 인정받고, 자신에 대한 긍정적인 감정을 느끼게 됩니다. 이는 우리의 자존감을 높여주고, 더 나은 성과를 이끌어내는 동기부여가 됩니다. 예를 들어, 학생이 교사로부터 칭찬을 받으면, 더 열심히 공부하고자 하는 의지가 생깁니다.

두 번째로, 칭찬은 인간관계를 개선하는 데 중요한 역할을 합니다. 칭찬은 상호간의 존중과 신뢰를 바탕으로 이루어집니다. 이를 통해 우리는 더 깊은 유대감을 형성하고, 서로를 더 잘 이해하게 됩니다. 예를 들어, 직장 동료끼리의 칭찬은 팀워크를 강화하고, 더 협력적인 업무 환경을 조성하는 데 도움이 됩니다.

세 번째로, 칭찬은 긍정적인 변화를 이끌어낼 수 있습니다. 우리는 칭찬을 받을 때, 자신이 잘한 일을 계속하고 싶어집니다. 이는 긍정적인 행동을 강화하고, 더 나은 결과를 만들어냅니다. 예를 들어, 부모가 자녀에게 좋은 행동을 칭찬하면, 자녀는 그 행동을 반복하게 됩니다.

마지막으로, 칭찬은 우리 자신도 행복하게 만듭니다. 우리는 다른 사람을 칭찬할 때, 그들의 기쁨과 행복을 함께 느낄 수 있습니다.

여러분!
칭찬은 우리의 마음을 따뜻하게 하고, 더 긍정적인 삶의 태도를 가지게 해줍니다. 주변사람들에게 사랑의 마음과 진심 어린 칭찬으로 더욱더 행복한 삶을 만들어 가시기 바랍니다.

이상으로 3분 스피치를 모두 마치겠습니다.
감사합니다.

권력이란 무엇인가?

여러분! 안녕하십니까? 제 이름은 ○○○, ○○○입니다.
지금부터 3분 스피치를 시작하겠습니다.
오늘의 주제는 권력이란 무엇인가? 입니다.

여러분! 권력이란 무엇인가요?
권력은 우리 사회에서 매우 중요한 개념으로, 다양한 형태로 나타납니다. 권력은 특정 개인이나 집단이 다른 사람들에게 영향력을 행사하고, 그들의 행동과 결정에 영향을 미칠 수 있는 능력을 의미합니다. 권력은 정치, 경제, 사회 모든 분야에서 중요한 역할을 합니다.

첫 번째로, 권력은 정치적 권력을 포함합니다. 이는 정부나 정치 지도자들이 법을 제정하고, 정책을 결정하며, 국가를 운영하는 능력을 의미합니다. 정치적 권력은 국가의 안정과 발전을 위해 필요하지만, 동시에 공정하고 투명하게 사용되어야 합니다. 예를 들어, 민주주의 사회에서는 시민들이 선거를 통해 정치 지도자를 선택하고, 그들의 권력을 견제할 수 있는 시스템이 중요합니다.

두 번째로, 권력은 경제적 권력을 포함합니다. 이는 자본과 자원을 소유한 개인이나 기업이 다른 사람들에게 영향력을 행사하는 능력을 의미합니다. 경제적 권력은 부와 자원의 분배에 큰 영향을 미치며, 사회적 불평등을 초래할 수도 있습니다. 따라서 경제적 권력은 공정하게 사용되어야 하며, 사회적 책임을 다하는 것이 중요합니다.

세 번째로, 권력은 사회적 권력을 포함합니다. 이는 개인이나 집단이 사회적 지위와 관계를 통해 다른 사람들에게 영향력을 행사하는 능력을 의미합니다. 사회적 권력은 교육, 문화, 미디어 등을 통해 형성될 수 있으며, 사회적 규범과 가치에 큰 영향을 미칩니다. 예를 들어, 유명 인사나 리더는 그들의 행동과 말이 많은 사람들에게 영향을 미칠 수 있습니다.

마지막으로, 권력은 책임과 윤리를 동반합니다. 권력을 가진 사람들은 그 권력을 올바르게 사용하고, 공정하고 투명하게 행사해야 할 책임이 있습니다. 권력은 남용될 경우 큰 문제를 초래할 수 있으며, 이는 사회의 안정을 해칠 수 있습니다. 따라서 권력을 가진 사람들은 항상 윤리적인 기준을 지키고, 다른 사람들의 권리와 자유를 존중해야 합니다.

여러분!
권력은 우리 사회에서 매우 중요한 개념으로, 정치적, 경제적, 사회적 모든 측면에서 큰 영향을 미칩니다. 권력을 올바르게 이해하고, 그 권력이 공정하고 투명하게 사용될 수 있도록 우리 함께 노력합시다.

이상으로 3분 스피치를 모두 마치겠습니다.
감사합니다.

정의란 무엇인가?

여러분! 안녕하십니까? 제 이름은 ○○○, ○○○입니다.
지금부터 3분 스피치를 시작하겠습니다.
오늘의 주제는 정의란 무엇인가? 입니다.

여러분! 정의란 무엇인가요?
정의는 우리가 사회에서 올바른 행동과 공평함을 추구하는 중요한 가치입니다. 정의는 우리 모두가 공정하게 대우받고, 권리와 의무를 균형 있게 가지는 것을 의미합니다. 정의는 법과 윤리, 그리고 우리 일상 생활에서 중요한 역할을 합니다.

첫 번째로, 정의는 법의 기초입니다. 법은 사회 질서를 유지하고, 시민들의 권리와 의무를 보호하기 위해 존재합니다. 정의로운 법은 모든 사람에게 동일하게 적용되며, 불공평한 차별이나 특혜를 없애줍니다. 예를 들어, 법원이 공정한 판결을 내리는 것은 정의의 중요한 실현 방법입니다.

두 번째로, 정의는 윤리적인 행동을 유도합니다. 우리는 다른 사람들을 공정하게 대우하고, 그들의 권리를 존중하는 윤리적인 책임을 가지고 있습니다. 이는 우리가 더 나은 사회를 만들기 위해 필요한 가치입니다. 예를 들어, 직장에서의 공평한 기회 제공이나, 학교에서의 평등한 교육 기회는 정의로운 사회를 만드는 중요한 요소입니다.

세 번째로, 정의는 사회적 평화를 유지하는 데 기여합니다. 정의는 갈등과 불만을 해결하고, 사회적 신뢰와 협력을 증진시킵니다. 정의로운 사회는 구성원들이 서로를 존중하고, 협력하며, 평화롭게 공존할 수 있는 기반을 제공합니다. 예를 들어, 인권을 보호하고, 차별을 없애는 노력은 사회적 평화를 이루는 데 중요한 역할을 합니다.

마지막으로, 정의는 개인의 행동과 선택에 영향을 미칩니다. 우리는 정의로운 행동을 통해 자신의 가치와 원칙을 실현할 수 있습니다. 정의로운 행동은 우리 자신을 존중하고, 타인의 권리와 자유를 보호하는 데 기여합니다. 예를 들어, 자신의 이익보다 공동체의 이익을 우선시하는 행동은 정의로운 사회를 만드는 데 큰 도움이 됩니다.

여러분!
정의는 우리 사회와 개인의 삶에서 매우 중요한 가치입니다. 우리 모두 올바른 정의를 추구하고 실현하여 더 나은 미래를 만들어가도록 노력하시기 바랍니다.

이상으로 3분 스피치를 모두 마치겠습니다.
감사합니다.

리더십이란 무엇인가?

여러분! 안녕하십니까? 제 이름은 ○○○, ○○○입니다.
지금부터 3분 스피치를 시작하겠습니다.
오늘의 주제는 리더십이란 무엇인가? 입니다.

여러분! 리더십이란 무엇인가요?
리더십은 단순히 권위나 지휘력만을 의미하지 않습니다. 리더십은 다른 사람들을 이끌고, 동기를 부여하며, 목표를 달성하는 데 필요한 중요한 능력입니다. 리더십은 다양한 상황과 맥락에서 나타날 수 있으며, 개인과 조직 모두에게 큰 영향을 미칩니다.

첫 번째로, 리더십은 비전과 방향을 제시하는 것입니다. 훌륭한 리더는 명확한 비전과 목표를 가지고 있으며, 이를 다른 사람들과 공유하여 공동의 목표를 향해 나아가도록 이끕니다. 예를 들어, 스티브 잡스는 애플의 비전을 명확히 제시하고, 혁신적인 제품을 개발함으로써 회사를 성공으로 이끌었습니다.

두 번째로, 리더십은 소통과 공감을 중요시합니다. 리더는 팀원들과 열린 대화를 나누고, 그들의 의견과 감정을 이해하며, 신뢰를 구축해야 합니다. 효과적인 소통은 팀의 협력과 조화를 이끌어내며, 더 나은 성과를 이루는 데 중요한 역할을 합니다. 예를 들어, 넬슨 만델라는 자신의 신념을 명확히 전달하고, 다양한 사람들과 소통하며 남아프리카 공화국의 변화를 이끌어냈습니다.

세 번째로, 리더십은 책임과 도덕성을 바탕으로 합니다. 리더는 자신의 행동과 결정에 대해 책임을 지며, 도덕적 원칙을 준수해야 합니다. 이는 팀원들에게 신뢰를 주고, 리더십의 정당성을 확보하는 데 중요합니다. 예를 들어, 마틴 루터 킹 주니어는 비폭력 저항 운동을 통해 정의와 평등을 추구하며, 도덕적 리더십의 본보기가 되었습니다.

마지막으로, 리더십은 성장을 촉진합니다. 리더는 팀원들의 잠재력을 최대한 발휘할 수 있도록 지원하고, 그들의 성장과 발전을 돕는 역할을 합니다. 이는 팀의 전체적인 성과와 성공에 큰 영향을 미칩니다. 예를 들어, 교육자는 학생들의 잠재력을 이끌어내고, 그들이 더 나은 미래를 향해 나아가도록 돕는 중요한 역할을 합니다.

여러분!
리더십은 비전, 소통, 책임, 성장을 포함한 다양한 요소들로 구성된 중요한 능력입니다. 여러분도 자신의 리더십을 개발하고, 이를 통해 더 나은 미래를 만들어 가시길 바랍니다.

이상으로 3분 스피치를 모두 마치겠습니다.
감사합니다.

자아란 무엇인가?

여러분! 안녕하십니까? 제 이름은 ○○○, ○○○입니다.
지금부터 3분 스피치를 시작하겠습니다.
오늘의 주제는 자아란 무엇인가? 입니다.

여러분! 사아란 무엇인가요?
자아는 우리의 정체성과 깊이 연결된 중요한 개념입니다. 자아는 우리가 누구인지, 우리의 가치와 신념, 그리고 우리가 세상과 상호작용하는 방식을 포함합니다. 자아는 단순한 존재가 아니라, 끊임없이 변화하고 성장하는 요소입니다.

첫 번째로, 자아는 우리의 내면을 반영합니다. 자아는 우리의 생각, 감정, 경험을 통해 형성되며, 자신을 이해하고 표현하는 데 중요한 역할을 합니다. 자아를 통해 우리는 자신의 강점과 약점을 인식하고, 자신의 목표와 욕망을 정의하게 됩니다. 예를 들어, 우리가 어떤 직업을 선택하고, 어떤 관계를 맺는지 등은 우리의 자아에 의해 크게 영향을 받습니다.

두 번째로, 자아는 외부 환경과의 상호작용을 통해 형성됩니다. 우리의 자아는 가족, 친구, 사회 등 외부 환경과의 상호작용을 통해 변화하고 성장합니다. 이러한 상호작용은 우리의 자아를 더욱 풍요롭게 만들고, 다양한 관점을 받아들이게 합니다. 예를 들어, 여행이나 새로운 경험을 통해 우리는 자신의 자아를 확장하고, 더 넓은 시야를 가질 수 있습니다.

세 번째로, 자아는 끊임없이 변화하는 과정입니다. 자아는 고정된 것이 아니라, 우리의 경험과 학습을 통해 지속적으로 변화합니다. 우리는 자신의 자아를 탐구하고, 발전시키기 위해 노력해야 합니다. 이는 개인적인 성장과 발전을 이루는 데 중요한 요소입니다. 예를 들어, 우리는 새로운 도전을 통해 자신의 자아를 발견하고, 이를 통해 더 나은 자신이 될 수 있습니다.

마지막으로, 자아는 우리의 삶에 의미를 부여합니다. 자아는 우리의 가치와 신념을 반영하며, 우리가 무엇을 중요하게 여기는지를 나타냅니다. 이를 통해 우리는 자신의 삶에 의미와 목적을 부여하고, 더 나은 삶을 살아갈 수 있습니다. 예를 들어, 자아를 통해 우리는 자신의 삶의 목표를 설정하고, 이를 이루기 위해 노력하게 됩니다.

여러분!
자아는 우리의 정체성과 삶의 의미를 형성하는 중요한 요소입니다. 자신의 자아를 끊임없이 성찰하고 탐구하여 보다 나은 삶을 살아가시길 바랍니다.

이상으로 3분 스피치를 모두 마치겠습니다.
감사합니다.

67일차

목표란 무엇인가?

여러분! 안녕하십니까? 제 이름은 ○○○, ○○○입니다.
지금부터 3분 스피치를 시작하겠습니다.
오늘의 주제는 목표란 무엇인가? 입니다.

여러분! 목표란 무엇인가요?
목표는 우리가 인생에서 이루고자 하는 바를 정하는 중요한 개념입니다. 목표는 우리의 행동과 결정을 이끄는 지침이 되며, 삶의 방향을 설정하는 데 큰 역할을 합니다. 목표는 우리에게 동기부여를 제공하고, 성취감을 느끼게 해주는 중요한 요소입니다.

첫 번째로, 목표는 우리에게 명확한 방향을 제시합니다. 목표를 세우면, 우리는 그 목표를 달성하기 위해 필요한 구체적인 계획을 세우고 실행하게 됩니다. 이는 우리의 삶을 체계적으로 이끌어 주며, 무작위적인 행동이 아닌 목적 있는 행동을 할 수 있게 합니다. 예를 들어, 운동 목표를 세우면 우리는 꾸준한 운동 계획을 세우고 이를 실천하게 됩니다.

두 번째로, 목표는 우리에게 동기부여를 제공합니다. 목표를 향해 나아가는 과정에서 우리는 도전과 성취감을 느낄 수 있습니다. 이는 우리의 자존감을 높여주고, 더 큰 목표를 향해 나아가게 하는 원동력이 됩니다. 예를 들어, 학업에서 좋은 성적을 목표로 삼으면, 우리는 더 열심히 공부하게 되고, 성취감을 느끼게 됩니다.

세 번째로, 목표는 우리에게 집중력과 인내력을 길러줍니다. 목표를 달성하기 위해 우리는 집중력과 인내력을 발휘하게 됩니다. 이는 우리의 능력을 최대한 발휘하게 하고, 어려운 상황에서도 포기하지 않고 끝까지 도전하는 자세를 갖게 합니다. 예를 들어, 마라톤 완주를 목표로 삼은 사람은 꾸준한 훈련과 인내력을 통해 목표를 달성하게 됩니다.

마지막으로, 목표는 우리의 삶에 의미와 목적을 부여합니다. 목표를 세우고 이를 달성하는 과정에서 우리는 자신의 삶에 대한 만족감과 의미를 느끼게 됩니다. 이는 우리의 삶을 더욱 풍요롭게 만들고, 행복감을 증진시킵니다. 예를 들어, 자원봉사를 목표로 삼고 이를 실천하면, 우리는 타인에게 도움이 되었다는 성취감과 더불어 자신의 삶에 대한 의미를 발견하게 됩니다.

여러분!
목표는 우리의 삶에서 매우 중요한 요소입니다. 여러분도 자신의 목표를 세우고, 이를 통해 더 나은 미래를 향해 나아가시길 바랍니다.

이상으로 3분 스피치를 모두 마치겠습니다.
감사합니다.

68일차

비전이란 무엇인가?

여러분! 안녕하십니까? 제 이름은 ○○○, ○○○입니다.
지금부터 3분 스피치를 시작하겠습니다.
오늘의 주제는 비전이란 무엇인가? 입니다.

여러분! 비전이란 무엇인가요?
비전은 우리가 미래에 이루고자 하는 바를 정의하는 중요한 개념입니다. 비전은 우리의 행동과 결정을 이끄는 지침이 되며, 우리의 삶과 조직을 성공으로 이끌어 줍니다. 비전은 목표보다 더 넓고 포괄적인 개념으로, 궁극적으로 우리가 꿈꾸는 미래의 모습을 제시합니다.

첫 번째로, 비전은 우리에게 명확한 방향을 제시합니다. 비전은 우리의 목표와 계획을 정의하고, 우리가 어디로 가야 하는지를 알려줍니다. 이는 우리의 행동이 목적 없이 흩어지지 않도록 도와줍니다. 예를 들어, 기업의 비전은 그 기업이 어떤 방향으로 성장하고, 어떤 가치를 실현할 것인지를 명확히 제시합니다.

두 번째로, 비전은 우리에게 동기부여를 제공합니다. 비전은 우리의 열정을 불러일으키고, 어려운 상황에서도 포기하지 않도록 도와줍니다. 비전을 통해 우리는 더 나은 미래를 꿈꾸고, 이를 실현하기 위해 노력하게 됩니다. 예를 들어, 마틴 루서 킹 주니어의 비전은 인종차별 없는 세상을 꿈꾸며, 많은 사람들에게 영감을 주었습니다.

세 번째로, 비전은 우리에게 통합과 협력을 이끌어냅니다. 비전은 개인이나 조직의 구성원들이 공통의 목표를 향해 함께 나아가도록 합니다. 이는 더 강력한 협력과 시너지를 창출하게 만듭니다. 예를 들어, 스포츠 팀의 비전은 팀원들이 단결하여 우승을 목표로 노력하게 만듭니다.

마지막으로, 비전은 우리의 삶에 의미와 목적을 부여합니다. 비전은 우리가 무엇을 중요하게 생각하는지, 어떤 가치를 추구하는지를 반영합니다. 이를 통해 우리는 자신의 삶에 대한 만족감과 의미를 느끼게 됩니다. 예를 들어, 비전을 통해 우리는 자신의 삶의 목표를 설정하고, 이를 이루기 위해 노력하게 됩니다.

여러분!
비전은 우리의 삶과 조직에서 매우 중요한 요소입니다. 여러분도 자신의 비전을 세우고, 이를 통해 더 나은 미래를 만들어 가시길 바랍니다.

이상으로 3분 스피치를 모두 마치겠습니다.
감사합니다.

사명이란 무엇인가?

여러분! 안녕하십니까? 제 이름은 ○○○, ○○○입니다.
지금부터 3분 스피치를 시작하겠습니다.
오늘의 주제는 사명이란 무엇인가? 입니다.

여러분! 사명이란 무엇인가요?
사명은 우리가 인생에서 이루고자 하는 바를 정하는 중요한 개념입니다. 사명은 우리의 행동과 결정을 이끄는 지침이 되며, 삶의 방향을 설정하는 데 큰 역할을 합니다. 사명은 단순한 목표보다 더 깊고 포괄적인 개념으로, 우리의 삶의 의미와 목적을 정의합니다.

첫 번째로, 사명은 우리에게 명확한 방향을 제시합니다. 사명은 우리의 삶에서 무엇이 중요한지를 분명히 하고, 그에 따라 목표와 계획을 세우도록 도와줍니다. 이는 우리의 행동이 목적 없이 흩어지지 않도록 하고, 일관성을 가지고 나아갈 수 있게 합니다. 예를 들어, 환경 보호를 사명으로 삼은 사람은 자신의 행동이 환경 보호와 어떻게 연결되는지를 항상 염두에 두고 행동하게 됩니다.

두 번째로, 사명은 우리에게 동기부여를 제공합니다. 사명은 우리의 열정과 에너지를 불러일으키며, 어려운 상황에서도 포기하지 않도록 도와줍니다. 사명을 통해 우리는 더 나은 세상을 꿈꾸고, 이를 실현하기 위해 노력하게 됩니다. 예를 들어, 의료 봉사를 사명으로 삼은 사람은 어려운 상황에서도 환자들을 돕기 위해 최선을 다합니다.

세 번째로, 사명은 우리에게 통합과 협력을 이끌어냅니다. 사명은 개인이나 조직의 구성원들이 공통의 목표를 향해 함께 나아가도록 합니다. 이는 더 강력한 협력과 시너지를 창출하게 만듭니다. 예를 들어, 비영리 단체의 사명은 구성원들이 단결하여 사회적 문제를 해결하는 데 기여하도록 합니다.

마지막으로, 사명은 우리의 삶에 의미와 목적을 부여합니다. 사명은 우리가 무엇을 중요하게 생각하는지, 어떤 가치를 추구하는지를 반영합니다. 이를 통해 우리는 자신의 삶에 대한 만족감과 의미를 느끼게 됩니다. 예를 들어, 교육을 사명으로 삼은 사람은 학생들의 성장을 돕는 데서 큰 의미와 보람을 느낍니다.

여러분!
사명은 우리의 삶에서 매우 중요한 요소입니다. 여러분도 자신의 사명을 발견하고, 이를 통해 더 나은 미래를 만들어 가시길 바랍니다.

이상으로 3분 스피치를 모두 마치겠습니다.
감사합니다.

갈등이란 무엇인가?

여러분! 안녕하십니까? 제 이름은 ○○○, ○○○입니다.
지금부터 3분 스피치를 시작하겠습니다.
오늘의 주제는 갈등이란 무엇인가? 입니다.

여러분! 갈등이란 무엇인가요?
갈등은 우리가 일상생활에서 자주 마주하는 상황 중 하나입니다. 갈등은 서로 다른 의견, 목표, 가치관이 충돌할 때 발생하는 긴장 상태를 의미합니다. 갈등은 불편하고 때로는 고통스러울 수 있지만, 제대로 관리한다면 성장과 발전의 기회가 될 수 있습니다.

첫 번째로, 갈등은 다양한 원인으로 발생합니다. 사람들은 각기 다른 배경, 경험, 가치관을 가지고 있기 때문에 자연스럽게 서로 다른 의견을 가지게 됩니다. 이러한 차이는 개인 간의 갈등뿐만 아니라 집단 간의 갈등도 초래할 수 있습니다. 예를 들어, 직장에서의 갈등은 업무 방식의 차이, 목표의 불일치, 의사소통의 문제 등으로 발생할 수 있습니다.

두 번째로, 갈등은 우리의 감정을 드러내게 합니다. 갈등 상황에서는 분노, 좌절, 슬픔 등의 감정이 표출될 수 있습니다. 이는 우리의 내면을 돌아보고, 자신의 감정을 이해하는 중요한 기회가 될 수 있습니다. 예를 들어, 갈등을 통해 우리는 자신의 감정과 욕구를 명확히 하고, 이를 다른 사람과 소통하는 방법을 배울 수 있습니다.

세 번째로, 갈등은 해결을 통해 성장할 수 있습니다. 갈등을 해결하는 과정에서 우리는 문제 해결 능력, 의사소통 기술, 협상 기술 등을 발전시킬 수 있습니다. 갈등을 피하기보다는 직면하고 해결하려는 자세를 가질 때, 우리는 더 강하고 지혜로운 사람이 될 수 있습니다. 예를 들어, 갈등 해결 과정을 통해 팀원 간의 신뢰와 협력을 강화할 수 있습니다.

마지막으로, 갈등은 변화와 혁신을 이끌어낼 수 있습니다. 갈등은 기존의 방식이나 관행에 도전하고, 새로운 아이디어와 접근 방식을 도입하는 계기가 될 수 있습니다. 갈등을 통해 우리는 더 나은 해결책을 찾고, 더 발전된 상태로 나아갈 수 있습니다. 예를 들어, 조직 내 갈등은 더 창의적이고 효과적인 문제 해결 방안을 찾는 데 도움이 될 수 있습니다.

여러분!
갈등은 단순히 부정적인 상황이 아니라, 성장과 발전의 기회가 될 수 있습니다. 여러분도 갈등을 긍정적으로 받아들이고, 이를 통해 더 나은 자신과 사회를 만들어가시길 바랍니다.

이상으로 3분 스피치를 모두 마치겠습니다.
감사합니다.

협력이란 무엇인가?

여러분! 안녕하십니까? 제 이름은 ○○○, ○○○입니다.
지금부터 3분 스피치를 시작하겠습니다.
오늘의 주제는 협력이란 무엇인가? 입니다.

여러분! 협력이란 무엇인가요?
협력은 두 사람 이상이 함께 일하여 공동의 목표를 달성하는 중요한 과정입니다. 협력은 우리가 개인의 한계를 넘어 더 큰 성과를 이루게 해주는 중요한 원동력입니다. 협력은 사회, 직장, 학교, 가정 등 다양한 상황에서 필수적이며, 우리의 삶을 더욱 풍요롭게 만듭니다.

첫 번째로, 협력은 다양한 아이디어와 관점을 통합합니다. 각각의 사람들은 자신의 고유한 경험과 지식을 가지고 있으며, 협력을 통해 우리는 더 창의적이고 효과적인 해결책을 찾을 수 있습니다. 예를 들어, 팀 프로젝트에서 각 팀원의 아이디어를 모아 혁신적인 해결책을 도출하는 것은 협력의 힘을 잘 보여줍니다.

두 번째로, 협력은 상호 신뢰와 존중을 바탕으로 합니다. 협력적인 관계에서는 서로의 의견을 존중하고, 신뢰를 바탕으로 문제를 해결하려는 자세가 필요합니다. 이는 더 강한 인간관계를 형성하고, 공동의 목표를 향해 나아가는 데 중요한 역할을 합니다. 예를 들어, 직장에서의 협력은 팀원들 간의 신뢰와 존중을 바탕으로 더 높은 성과를 이끌어 냅니다.

세 번째로, 협력은 개인의 성장을 촉진합니다. 우리는 협력을 통해 다른 사람들과 소통하고, 그들의 경험과 지식을 배우게 됩니다. 이는 우리의 개인적인 성장과 발전을 도와줍니다. 예를 들어, 학생들이 그룹 과제를 통해 서로의 의견을 나누고 배우는 과정은 협력을 통한 성장을 잘 보여줍니다.

마지막으로, 협력은 공동의 목표를 달성하는 데 필수적입니다. 우리는 혼자서 모든 일을 할 수 없기 때문에, 협력을 통해 더 큰 목표를 달성할 수 있습니다. 예를 들어, 스포츠 팀은 각 선수의 협력을 통해 승리를 이루게 됩니다. 이는 협력이 목표 달성에 얼마나 중요한지를 잘 보여줍니다.

여러분!
협력은 우리의 삶에서 매우 중요한 요소입니다. 우리는 협력을 통해 더 창의적이고, 신뢰할 수 있으며, 성장할 수 있는 사람으로 발전할 수 있습니다. 여러분도 협력을 통해 더 나은 미래를 만들어 가시길 바랍니다.

이상으로 3분 스피치를 모두 마치겠습니다.
감사합니다.

72일차

용기란 무엇인가?

여러분! 안녕하십니까? 제 이름은 ○○○, ○○○입니다.
지금부터 3분 스피치를 시작하겠습니다.
오늘의 주제는 용기란 무엇인가? 입니다.

여러분! 용기란 무엇인가요?
용기는 우리의 삶에서 중요한 덕목 중 하나입니다. 용기는 두려움과 어려움 속에서도 자신의 신념과 가치를 지키며 행동하는 능력을 의미합니다. 용기는 단순한 무모함이 아니라, 신중한 판단과 책임감이 뒷받침되는 중요한 태도입니다.

첫 번째로, 용기는 두려움을 극복하는 능력입니다. 우리는 모두 두려움과 마주하는 순간이 있습니다. 그러나 용기는 이러한 두려움을 마주하고 극복하는 힘을 줍니다. 예를 들어, 공포증을 극복하려는 사람이 두려움을 이겨내고 그 상황에 도전하는 것은 용기의 한 예입니다. 용기는 우리의 삶을 제한하는 두려움을 떨치고, 더 큰 성취를 이루게 합니다.

두 번째로, 용기는 어려운 상황에서 결단력을 발휘하는 능력입니다. 우리는 때때로 어려운 결정을 내려야 하는 상황에 직면하게 됩니다. 이러한 순간에 용기는 우리에게 올바른 결정을 내릴 수 있는 힘을 줍니다. 예를 들어, 부당한 상황에 맞서 자신의 권리를 주장하는 것은 큰 용기를 필요로 합니다. 용기는 우리의 신념과 가치를 지키는 데 중요한 역할을 합니다.

세 번째로, 용기는 타인을 보호하고 지지하는 능력입니다. 용기는 자신의 이익을 넘어 타인을 위해 행동할 수 있는 힘을 줍니다. 예를 들어, 타인을 도와주는 행동이나, 위험에 처한 사람을 구하는 행동은 모두 용기의 예입니다. 용기는 더 나은 사회를 만드는 데 중요한 역할을 합니다.

마지막으로, 용기는 변화와 성장을 이끄는 힘입니다. 우리는 용기를 통해 새로운 도전과 변화를 받아들이고, 이를 통해 성장할 수 있습니다. 예를 들어, 새로운 직업을 선택하거나, 새로운 목표를 설정하는 것은 용기를 필요로 합니다. 용기는 우리의 삶에 변화를 가져오고, 더 나은 미래를 만들어가는 데 중요한 역할을 합니다.

여러분!
용기는 우리의 삶에서 매우 중요한 요소입니다. 우리는 용기를 통해 두려움을 극복하고, 어려운 상황에서 결단력을 발휘하며, 타인을 보호하고 지지할 수 있습니다. 여러분도 자신의 삶에서 용기를 발휘하여, 더 나은 미래를 만들어가시길 바랍니다.

이상으로 3분 스피치를 모두 마치겠습니다.
감사합니다.

인내란 무엇인가?

여러분! 안녕하십니까? 제 이름은 ○○○, ○○○입니다.
지금부터 3분 스피치를 시작하겠습니다.
오늘의 주제는 인내란 무엇인가? 입니다.

여러분! 인내란 무엇인가요?
인내는 우리의 삶에서 중요한 덕목 중 하나입니다. 인내는 어려움과 고난을 이겨내고, 목표를 향해 꾸준히 나아가는 능력을 의미합니다. 인내는 단순히 시간을 견디는 것이 아니라, 도전과 실패 속에서도 포기하지 않고 계속해서 노력하는 힘입니다.

첫 번째로, 인내는 어려움을 극복하는 능력입니다. 우리는 모두 인생에서 크고 작은 어려움과 마주하게 됩니다. 인내는 이러한 어려움 속에서도 희망을 잃지 않고, 해결책을 찾기 위해 노력하는 힘을 줍니다. 예를 들어, 한 학생이 어려운 과목을 공부할 때, 인내심을 가지고 꾸준히 공부한다면 결국 좋은 성과를 이룰 수 있습니다.

두 번째로, 인내는 목표를 향해 꾸준히 나아가는 능력입니다. 우리는 종종 목표를 이루기 위해 오랜 시간과 노력이 필요합니다. 인내는 우리가 중도에 포기하지 않고, 목표를 달성하기 위해 끊임없이 노력하게 만듭니다. 예를 들어, 마라톤 선수는 인내심을 가지고 꾸준히 훈련함으로써 최종적으로 마라톤을 완주할 수 있습니다.

세 번째로, 인내는 실패를 받아들이고 극복하는 능력입니다. 우리는 인생에서 실패를 경험할 수 있습니다. 그러나 인내는 이러한 실패를 학습의 기회로 받아들이고, 다시 일어설 수 있는 힘을 줍니다. 예를 들어, 사업가가 첫 번째 시도에서 실패하더라도 인내심을 가지고 다시 도전한다면, 결국 성공할 수 있습니다.

마지막으로, 인내는 우리의 정신적, 감정적 건강을 지키는 데 중요한 역할을 합니다. 인내는 스트레스와 불안을 관리하고, 긍정적인 마음가짐을 유지하게 도와줍니다. 이는 우리의 전반적인 삶의 질을 향상시키는 데 큰 도움이 됩니다. 예를 들어, 명상이나 요가를 통해 인내심을 기르면, 우리는 더 평온하고 안정된 마음 상태를 유지할 수 있습니다.

여러분!
인내는 우리의 삶에서 매우 중요한 요소입니다. 우리는 인내를 통해 어려움을 극복하고, 목표를 이루며, 실패를 극복할 수 있습니다. 여러분도 자신의 삶에서 인내를 발휘하여, 더 나은 미래를 만들어 가시길 바랍니다.

이상으로 3분 스피치를 모두 마치겠습니다.
감사합니다.

인간관계란 무엇인가?

여러분! 안녕하십니까? 제 이름은 ○○○, ○○○입니다.
지금부터 3분 스피치를 시작하겠습니다.
오늘의 주제는 인간관계란 무엇인가? 입니다.

여러분! 인간관계란 무엇인가요?
인간관계는 우리가 일상생활에서 매우 중요하게 여기는 요소 중 하나입니다. 인간관계는 사람들 간의 상호작용을 통해 형성되는 유대와 연결을 의미합니다. 인간관계는 우리의 감정, 행동, 그리고 삶의 질에 큰 영향을 미칩니다.

첫 번째로, 인간관계는 우리의 정서적 안정을 지원합니다. 우리는 친구, 가족, 동료와의 관계를 통해 정서적 지지와 위로를 받습니다. 이러한 관계는 우리의 행복과 웰빙을 증진시키며, 스트레스와 어려움을 극복하는 데 큰 도움을 줍니다. 예를 들어, 힘든 일이 있을 때 친구와 이야기하며 위로를 받는 것은 정서적 안정을 도모하는 중요한 요소입니다.

두 번째로, 인간관계는 우리의 성장을 촉진합니다. 우리는 다른 사람들과의 상호작용을 통해 다양한 관점과 경험을 배우고, 이를 통해 성장합니다. 인간관계는 우리의 사고방식을 넓혀주고, 더 나은 결정을 내리는 데 도움을 줍니다.
예를 들어, 직장에서 동료들과 협력하고 의견을 나누는 과정은 우리의 전문적인 성장에 중요한 역할을 합니다.

세 번째로, 인간관계는 사회적 지지를 제공합니다. 우리는 사회적 네트워크를 통해 다양한 자원과 기회를 얻을 수 있습니다. 이는 우리의 목표 달성과 성취에 큰 도움이 됩니다. 예를 들어, 취업을 준비하는 과정에서 친구나 지인의 추천을 받는 것은 성공적인 취업에 큰 도움이 됩니다.

마지막으로, 인간관계는 우리의 삶에 의미를 부여합니다. 우리는 인간관계를 통해 서로를 이해하고, 공감하며, 함께하는 경험을 나누게 됩니다. 이는 우리의 삶을 더욱 풍요롭고 의미 있게 만듭니다. 예를 들어, 가족과 함께하는 시간이나 친구들과의 즐거운 추억은 우리의 삶에 큰 의미를 부여합니다.

여러분!
인간관계는 우리의 삶에서 매우 중요한 요소입니다. 우리는 인간관계를 통해 정서적 안정, 성장, 사회적 지지, 그리고 삶의 의미를 찾을 수 있습니다. 여러분도 소중한 인간관계를 형성하고, 이를 통해 더 나은 미래를 만들어가시길 바랍니다.

이상으로 3분 스피치를 모두 마치겠습니다.
감사합니다.

경청이란 무엇인가?

여러분! 안녕하십니까? 제 이름은 ○○○, ○○○입니다.
지금부터 3분 스피치를 시작하겠습니다.
오늘의 주제는 경청이란 무엇인가? 입니다.

여러분! 경청이란 무엇인가요?
경청은 단순히 귀로 듣는 행위를 넘어, 마음으로 상대방의 말을 이해하고 공감하는 중요한 태도입니다. 경청은 우리의 인간관계와 소통 능력을 향상시키는 데 큰 역할을 합니다. 경청은 상대방의 감정과 생각을 존중하며, 그들이 말하는 내용을 진심으로 받아들이는 것입니다.

첫 번째로, 경청은 우리에게 깊은 인간관계를 형성하게 합니다. 우리는 친구, 가족, 동료와의 관계에서 경청을 통해 서로를 더 잘 이해하고, 신뢰를 쌓을 수 있습니다. 예를 들어, 친구가 자신의 고민을 털어놓을 때, 우리는 진심으로 그 이야기를 들어주고 공감하는 자세를 보여줌으로써 친구에게 큰 위로와 지지를 줄 수 있습니다.

두 번째로, 경청은 갈등을 해결하는 데 중요한 역할을 합니다. 우리는 갈등 상황에서 상대방의 입장을 이해하고, 그들의 생각과 감정을 경청함으로써 문제를 더 효과적으로 해결할 수 있습니다. 예를 들어, 직장에서 동료 간의 갈등이 발생했을 때, 서로의 이야기를 경청하고 이해하려는 노력을 통해 더 나은 해결책을 찾을 수 있습니다.

세 번째로, 경청은 우리의 성장을 촉진합니다. 우리는 다른 사람들의 의견과 경험을 경청함으로써 새로운 지식과 관점을 배우게 됩니다. 이는 우리의 사고방식을 넓혀주고, 더 나은 결정을 내리는 데 도움을 줍니다. 예를 들어, 팀 회의에서 다양한 의견을 경청하고 수용하는 것은 더 창의적이고 효과적인 해결책을 도출하는 데 중요한 역할을 합니다.

마지막으로, 경청은 우리의 삶에 의미와 만족감을 부여합니다. 우리는 경청을 통해 서로를 이해하고 공감하며, 더 깊은 유대감을 형성할 수 있습니다. 이는 우리의 삶을 더욱 풍요롭고 의미 있게 만듭니다. 예를 들어, 부모가 자녀의 이야기를 경청함으로써 자녀와의 관계를 더욱 강화하고, 자녀의 성장을 돕는 것은 경청의 좋은 예입니다.

여러분!
경청은 우리의 삶에서 매우 중요한 요소입니다. 우리는 경청을 통해 깊은 인간관계를 형성하고, 갈등을 해결하며, 개인적인 성장을 이루고, 삶에 의미를 부여할 수 있습니다. 여러분도 경청을 통해 더 나은 소통과 인간관계를 만들어가시길 바랍니다.

이상으로 3분 스피치를 모두 마치겠습니다.
감사합니다.

76일차

지각이란 무엇인가?

여러분! 안녕하십니까? 제 이름은 ○○○, ○○○입니다.
지금부터 3분 스피치를 시작하겠습니다.
오늘의 주제는 지각이란 무엇인가? 입니다.

여러분! 지각이란 무엇인가요?
지각은 우리가 외부 세계를 인식하고 해석하는 과정입니다. 지각은 우리의 감각 기관을 통해 얻은 정보를 뇌에서 처리하여 의미를 부여하는 복잡한 과정입니다. 지각은 우리의 경험과 인지 능력을 통해 이루어지며, 우리의 행동과 결정에 큰 영향을 미칩니다.

첫 번째로, 지각은 감각을 통해 이루어집니다. 우리는 시각, 청각, 촉각, 후각, 미각 등의 감각을 통해 외부 세계의 정보를 수집합니다. 이러한 감각 정보는 우리의 뇌로 전달되어 해석되고, 우리는 이를 통해 주변 환경을 이해하게 됩니다. 예를 들어, 우리는 눈을 통해 사물을 보고, 귀를 통해 소리를 듣는 과정을 통해 주변 세계를 인식합니다.

두 번째로, 지각은 우리의 경험과 배경에 영향을 받습니다. 우리의 뇌는 이전의 경험과 학습을 바탕으로 새로운 정보를 해석합니다. 이는 각기 다른 사람들이 같은 상황을 다르게 지각할 수 있는 이유입니다. 예를 들어, 어떤 사람은 특정 음식을 좋아할 수 있지만, 다른 사람은 그 음식을 싫어할 수 있습니다. 이는 각자의 경험과 배경이

다르기 때문입니다.

세 번째로, 지각은 우리의 인지적 능력과 관련이 있습니다. 우리는 주의력, 기억력, 문제 해결 능력 등을 통해 정보를 처리하고 해석합니다. 이는 우리가 복잡한 상황에서 **빠르고 정확한** 결정을 내리는 데 도움을 줍니다. 예를 들어, 우리는 교차로에서 차량의 움직임을 **빠르게** 지각하고, 안전하게 길을 건너는 결정을 내릴 수 있습니다.

마지막으로, 지각은 우리의 행동과 결정에 큰 영향을 미칩니다. 우리는 지각을 통해 주변 환경을 이해하고, 이에 맞춰 적절한 행동을 취하게 됩니다. 이는 우리의 일상생활에서 매우 중요한 역할을 합니다. 예를 들어, 우리는 날씨를 지각하고 이에 맞춰 옷을 선택하는 등의 결정을 내립니다.

여러분!
지각은 우리의 삶에서 매우 중요한 요소입니다. 우리는 지각을 통해 외부 세계를 이해하고, 적절한 행동과 결정을 내릴 수 있습니다. 여러분도 자신의 지각 능력을 향상시키고, 이를 통해 더 나은 삶을 만들어 가시길 바랍니다.

이상으로 3분 스피치를 모두 마치겠습니다.
감사합니다.

평등이란 무엇인가?

여러분! 안녕하십니까? 제 이름은 ○○○, ○○○입니다.
지금부터 3분 스피치를 시작하겠습니다.
오늘의 주제는 평등이란 무엇인가? 입니다.

여러분! 평등이란 무엇인가요?
평등은 모든 사람에게 동일한 권리와 기회를 제공하는 중요한 개념입니다. 평등은 우리가 인간으로서의 존엄성을 존중받고, 차별 없이 공정하게 대우받는 것을 의미합니다. 평등은 사회 정의와 인권의 기본 원칙 중 하나이며, 우리가 더 나은 사회를 만들기 위해 반드시 지켜야 할 가치입니다.

첫 번째로, 평등은 법 앞에서의 평등을 의미합니다. 법은 모든 사람에게 동일하게 적용되어야 하며, 특정 집단이나 개인에게 불공평한 대우를 해서는 안 됩니다. 예를 들어, 미국의 시민권 운동은 인종차별을 철폐하고, 모든 사람들이 법 앞에서 평등하게 대우받을 수 있도록 한 중요한 사례입니다.

두 번째로, 평등은 기회의 평등을 의미합니다. 모든 사람은 자신의 능력과 열정을 바탕으로 동등한 기회를 가져야 합니다. 이는 교육, 취업, 의료 등 다양한 분야에서 실현될 수 있습니다. 예를 들어, 공정한 교육 기회를 제공함으로써 모든 학생들이 자신의 잠재력을 발휘할 수 있도록 하는 것은 중요한 평등의 실현 방법입니다.

세 번째로, 평등은 사회적 평등을 의미합니다. 이는 성별, 인종, 성적 지향, 장애 등 다양한 요소에 관계없이 모든 사람이 동등하게 대우받는 것을 의미합니다.
예를 들어, 여성과 남성이 동일한 임금을 받을 수 있도록 하는 것은 성평등을 실현하는 중요한 방법입니다.

마지막으로, 평등은 우리 사회의 화합과 협력을 증진시킵니다. 평등한 사회는 갈등과 차별을 줄이고, 구성원들이 서로를 존중하며 협력할 수 있는 기반을 제공합니다. 이는 우리가 더 나은 사회를 만들어 가는 데 큰 도움이 됩니다. 예를 들어, 다양한 배경의 사람들이 함께 일하며 평등하게 대우받을 때, 우리는 더 창의적이고 효과적인 문제 해결 방법을 찾을 수 있습니다.

여러분!
평등은 우리의 삶과 사회에서 매우 중요한 요소입니다. 우리는 평등을 추구하고, 이를 통해 더 나은 미래를 만들어가야 합니다. 여러분도 평등을 실현하기 위해 노력하며, 더 공정하고 평등한 사회를 만들어 가시길 바랍니다.

이상으로 3분 스피치를 모두 마치겠습니다.
감사합니다.

78일차

화술이란 무엇인가?

여러분! 안녕하십니까? 제 이름은 ○○○, ○○○입니다.
지금부터 3분 스피치를 시작하겠습니다.
오늘의 주제는 화술이란 무엇인가? 입니다.

여러분! 화술이란 무엇인가요?
화술은 우리의 생각과 감정을 효과적으로 전달하는 기술입니다. 화술은 단순히 말을 잘하는 것을 넘어, 청중과의 소통을 통해 메시지를 명확하게 전달하고, 공감을 이끌어내는 중요한 능력입니다. 화술은 우리의 일상생활, 직장, 사회적 관계 등 다양한 상황에서 매우 유용하며, 성공적인 인간관계를 형성하는 데 큰 도움이 됩니다.

첫 번째로, 화술은 설득력을 향상시킵니다. 우리는 의견을 제시하거나, 아이디어를 공유할 때 화술을 통해 더 효과적으로 설득할 수 있습니다. 예를 들어, 직장에서 회의 중에 자신의 아이디어를 명확하게 설명하고, 논리적으로 뒷받침함으로써 동료들을 설득하는 것은 화술의 중요한 예입니다.

두 번째로, 화술은 청중의 관심을 끄는 데 도움이 됩니다. 우리는 흥미로운 이야기나 예시를 통해 청중의 주의를 끌고, 그들의 관심을 유지할 수 있습니다. 예를 들어, 강연자가 자신의 경험을 이야기하며 청중의 공감을 이끌어내는 것은 화술의 좋은 예입니다. 이는 청중이 메시지를 더 잘 이해하고 기억하게 만듭니다.

세 번째로, 화술은 효과적인 의사소통을 촉진합니다. 우리는 말을 통해 서로의 생각과 감정을 전달하고, 이해를 높일 수 있습니다. 이는 오해를 줄이고, 더 나은 협력과 협상을 이끄는 데 도움이 됩니다. 예를 들어, 팀 프로젝트에서 각 팀원이 자신의 역할과 책임을 명확하게 설명하는 것은 화술의 중요한 부분입니다.

마지막으로, 화술은 자신감을 높여줍니다. 우리는 화술을 통해 자신의 생각을 명확하게 표현하고, 자신감을 가지고 말을 할 수 있습니다. 이는 우리의 전반적인 커뮤니케이션 능력을 향상시키고, 더 나은 성과를 이루는 데 큰 도움이 됩니다. 예를 들어, 면접에서 자신감 있게 자신의 강점과 경험을 설명하는 것은 화술의 좋은 예입니다.

여러분!
화술은 우리의 삶에서 매우 중요한 요소입니다. 우리는 화술을 통해 설득력을 높이고, 청중의 관심을 끌며, 효과적인 의사소통을 이루고, 자신감을 높일 수 있습니다. 여러분도 자신의 화술을 발전시켜 더 나은 소통과 성과를 이루어 가시길 바랍니다.

이상으로 3분 스피치를 모두 마치겠습니다.
감사합니다.

스피치란 무엇인가?

여러분! 안녕하십니까? 제 이름은 ○○○, ○○○입니다.
지금부터 3분 스피치를 시작하겠습니다.
오늘의 주제는 스피치란 무엇인가? 입니다.

여러분! 스피치란 무엇인가요?
스피치는 청중 앞에서 자신의 생각과 의견을 표현하고 전달하는 중요한 기술입니다. 스피치는 단순히 말을 하는 것을 넘어, 메시지를 효과적으로 전달하고, 청중의 관심과 공감을 이끌어내는 능력을 의미합니다. 스피치는 일상생활, 학업, 직장 등 다양한 상황에서 중요한 역할을 하며, 우리의 커뮤니케이션 능력을 향상시키는 데 큰 도움이 됩니다.

첫 번째로, 스피치는 자신감을 높여줍니다. 우리는 스피치를 통해 자신의 생각을 명확하게 표현하고, 청중 앞에서 말하는 능력을 기르게 됩니다. 이는 우리의 자존감을 높여주고, 다양한 상황에서 더 자신감 있게 말할 수 있게 만듭니다. 예를 들어, 면접이나 발표에서 자신감 있게 자신의 의견을 말하는 것은 스피치의 중요한 예입니다.

두 번째로, 스피치는 설득력을 향상시킵니다. 우리는 스피치를 통해 논리적이고 체계적으로 자신의 주장을 펼치고, 청중을 설득할 수 있습니다. 이는 중요한 의사결정 상황에서 큰 도움이 됩니다. 예를 들어, 비즈니스 프레젠테이션에서 자신의 아이디어를 논리적으로 설명하고 설득하는 것은 스피치의 좋은 예입니다.

세 번째로, 스피치는 청중과의 소통을 촉진합니다. 우리는 스피치를 통해 청중과의 상호작용을 강화하고, 더 나은 소통을 이끌어낼 수 있습니다. 이는 우리의 인간관계를 향상시키고, 협력과 이해를 높이는 데 큰 도움이 됩니다. 예를 들어, 교육자가 학생들에게 중요한 개념을 설명할 때, 스피치를 통해 효과적으로 전달하고 소통하는 것은 중요한 요소입니다.

마지막으로, 스피치는 우리의 사고력을 확장시킵니다. 우리는 스피치를 준비하고 발표하는 과정을 통해 자신의 생각을 정리하고, 논리적으로 표현하는 능력을 기르게 됩니다. 이는 우리의 문제 해결 능력과 창의력을 향상시키는 데 큰 도움이 됩니다. 예를 들어, 토론 대회에서 자신의 의견을 명확하게 정리하고 발표하는 것은 스피치의 중요한 부분입니다.

여러분! 스피치는 우리의 삶에서 매우 중요한 요소입니다. 우리는 스피치를 통해 자신감을 높이고, 설득력을 향상시키며, 청중과의 소통을 촉진하고, 사고력을 확장할 수 있습니다. 여러분도 자신의 스피치 능력을 발전시켜 더 나은 커뮤니케이션과 성과를 이루어 가시길 바랍니다.

이상으로 3분 스피치를 모두 마치겠습니다.
감사합니다.

매너란 무엇인가?

여러분! 안녕하십니까? 제 이름은 ○○○, ○○○입니다.
지금부터 3분 스피치를 시작하겠습니다.
오늘의 주제는 매너란 무엇인가? 입니다.

여러분! 매너란 무엇인가요?
매너는 우리의 행동과 태도가 사회적 규범과 기대에 부합하는지를 보여주는 중요한 요소입니다. 매너는 단순히 예의를 지키는 것을 넘어, 타인에 대한 존중과 배려를 통해 인간관계를 원활하게 만드는 데 큰 역할을 합니다. 매너는 우리 일상 생활에서 필수적이며, 긍정적인 사회적 상호작용을 위해 반드시 필요한 덕목입니다.

첫 번째로, 매너는 타인에 대한 존중을 의미합니다. 우리는 서로를 존중하고 예의를 지킴으로써 신뢰와 호감을 형성할 수 있습니다. 예를 들어, 상대방의 말을 끊지 않고 끝까지 경청하는 것은 중요한 매너 중 하나입니다. 이를 통해 우리는 상대방에게 존중받고 있다는 느낌을 줄 수 있습니다.

두 번째로, 매너는 배려심을 의미합니다. 우리는 타인의 입장을 이해하고, 그들의 감정을 고려하여 행동해야 합니다. 예를 들어, 식사 중에 휴대폰을 사용하지 않고 대화에 집중하는 것은 상대방에 대한 배려를 보여주는 매너입니다. 이러한 작은 배려들이 모여 좋은 인간관계를 형성합니다.

세 번째로, 매너는 우리의 사회적 이미지를 형성합니다. 우리는 매너를 통해 자신의 성격과 가치를 표현할 수 있습니다. 예를 들어, 공공장소에서 큰 소리로 떠들지 않고 조용히 행동하는 것은 성숙하고 배려 깊은 사람임을 보여줍니다. 이러한 매너는 우리가 사회에서 긍정적인 이미지를 가지도록 도와줍니다.

마지막으로, 매너는 긍정적인 사회적 상호작용을 촉진합니다. 매너를 지킴으로써 우리는 서로를 더 잘 이해하고, 갈등을 줄이며, 협력을 증진시킬 수 있습니다. 예를 들어, 업무 회의에서 다른 사람의 의견을 존중하고 경청하는 것은 팀워크와 협력을 강화하는 데 중요한 역할을 합니다.

여러분!
매너는 우리의 삶에서 매우 중요한 요소입니다. 우리는 매너를 통해 타인을 존중하고 배려하며, 긍정적인 사회적 상호작용을 이루어낼 수 있습니다. 여러분도 매너를 지키며 더 나은 인간관계를 형성하고, 더 나은 사회를 만들어가시길 바랍니다.

이상으로 3분 스피치를 모두 마치겠습니다.
감사합니다.

브랜드란 무엇인가?

여러분! 안녕하십니까? 제 이름은 ○○○, ○○○입니다.
지금부터 3분 스피치를 시작하겠습니다.
오늘의 주제는 브랜드란 무엇인가? 입니다.

여러분! 브랜드란 무엇인가요?
브랜드는 단순한 이름을 넘어, 소비자에게 특정 기업이나 제품이 지닌 이미지와 가치를 전달하는 중요한 개념입니다. 브랜드는 제품이나 서비스의 인식과 신뢰를 형성하며, 시장에서 차별화된 위치를 확보하는 데 큰 역할을 합니다. 브랜드는 우리의 감정과 경험에 깊이 뿌리내린, 강력하고 복잡한 요소입니다.

첫 번째로, 브랜드는 신뢰를 의미합니다. 우리는 특정 브랜드를 선택할 때 그 브랜드가 제공하는 품질과 일관성을 신뢰합니다. 예를 들어, 애플은 혁신적이고 고품질의 전자 제품을 제공하는 브랜드로 잘 알려져 있으며, 소비자들은 이를 믿고 애플 제품을 선택합니다. 신뢰는 브랜드의 중요한 자산입니다.

두 번째로, 브랜드는 감성을 의미합니다. 우리는 브랜드를 통해 특정 감정이나 경험을 떠올리게 됩니다. 예를 들어, 코카콜라는 상쾌함과 즐거움을 연상시키는 브랜드로, 사람들은 이를 통해 긍정적인 감정을 느낍니다. 브랜드는 소비자와 감성적으로 연결되는 데 중요한 역할을 합니다.

세 번째로, 브랜드는 차별화를 의미합니다. 우리는 브랜드를 통해 시장에서 독특한 위치를 차지하고, 경쟁 제품과 차별화할 수 있습니다. 예를 들어, 테슬라는 전기차 시장에서 혁신과 지속 가능성을 대표하는 브랜드로 자리매김하였습니다. 차별화된 브랜드는 소비자에게 강력한 인상을 남깁니다.

마지막으로, 브랜드는 관계를 의미합니다. 우리는 브랜드와의 관계를 통해 장기적인 충성도를 형성합니다. 이는 기업이 소비자와의 소통을 통해 지속적으로 가치를 제공할 때 가능해집니다. 예를 들어, 스타벅스는 고객과의 친밀한 관계를 통해 높은 충성도를 유지하고 있습니다.

여러분!
브랜드는 우리의 삶에서 매우 중요한 요소입니다. 우리는 브랜드를 통해 신뢰와 감성을 느끼고, 차별화를 통해 자신만의 개성을 표현할 수 있습니다. 여러분도 브랜드의 중요성을 이해하고, 이를 통해 더 나은 선택을 하시길 바랍니다

이상으로 3분 스피치를 모두 마치겠습니다.
감사합니다.

82일차

이미지란 무엇인가?

여러분! 안녕하십니까? 제 이름은 ○○○, ○○○입니다.
지금부터 3분 스피치를 시작하겠습니다.
오늘의 주제는 이미지란 무엇인가? 입니다.

여러분! 이미지란 무엇인가요?
이미지는 우리가 시각적으로 인식하고 해석하는 모든 것에서 비롯됩니다. 이미지는 사진, 그림, 그래픽, 심지어는 머릿속의 상상까지 포함하는 광범위한 개념입니다. 이미지는 우리가 세상을 이해하고, 소통하며, 표현하는 데 중요한 역할을 합니다.

첫 번째로, 이미지는 의사소통의 도구입니다. 우리는 이미지를 통해 말로 표현하기 어려운 감정이나 개념을 전달할 수 있습니다. 예를 들어, 사진 한 장은 수천 마디의 말을 대신할 수 있습니다. 이미지는 직관적이고 즉각적으로 감정을 전달하기 때문에, 우리의 의사소통을 풍부하게 만듭니다.

두 번째로, 이미지는 기억을 돕는 역할을 합니다. 우리는 시각적인 정보를 통해 기억을 더 잘 유지할 수 있습니다. 예를 들어, 교과서에 삽입된 이미지나 다이어그램은 복잡한 내용을 쉽게 이해하고 기억하는 데 큰 도움이 됩니다. 이미지는 학습과 정보 전달에 중요한 역할을 합니다.

세 번째로, 이미지는 창의성과 예술성을 표현하는 도구입니다. 예술가들은 그림이나 사진을 통해 자신의 감정과 아이디어를 표현하고, 새로운 시각적 경험을 창조합니다. 예를 들어, 빈센트 반 고흐의 그림 '별이 빛나는 밤'은 그의 감정과 상상을 시각적으로 표현한 놀라운 작품입니다. 이미지는 예술의 중요한 요소입니다.

마지막으로, 이미지는 문화와 역사를 보존하는 역할을 합니다. 우리는 이미지를 통해 과거의 사건과 문화를 기록하고, 후세에 전달할 수 있습니다. 예를 들어, 역사적인 사진이나 유물은 우리가 과거를 이해하고, 그 시대로부터 배울 수 있게 해줍니다. 이미지는 시간과 공간을 초월하여 우리의 문화와 역사를 보존하는 중요한 도구입니다.

여러분!
이미지는 우리의 삶에서 매우 중요한 요소입니다. 우리는 이미지를 통해 의사소통을 하고, 기억을 돕고, 창의성을 표현하며, 문화와 역사를 보존할 수 있습니다. 여러분도 이미지를 활용하여 더 풍부하고 의미 있는 경험을 만들어 가시길 바랍니다.

이상으로 3분 스피치를 모두 마치겠습니다.
감사합니다.

창의성이란 무엇인가?

여러분! 안녕하십니까? 제 이름은 ○○○, ○○○입니다.
지금부터 3분 스피치를 시작하겠습니다.
오늘의 주제는 창의성이란 무엇인가? 입니다.

여러분! 창의성이란 무엇인가요?
창의성은 우리에게 새로운 아이디어와 독창적인 해결책을 찾아내는 능력입니다. 창의성은 우리의 사고방식을 확장시키고, 기존의 틀을 벗어나 새로운 가능성을 탐구하게 만드는 중요한 요소입니다. 창의성은 예술, 과학, 비즈니스 등 모든 분야에서 중요한 역할을 하며, 우리의 삶을 더욱 풍요롭고 의미 있게 만듭니다.

첫 번째로, 창의성은 문제 해결에 큰 도움이 됩니다. 우리는 창의성을 통해 복잡한 문제를 독창적이고 효과적으로 해결할 수 있습니다. 예를 들어, 토머스 에디슨은 창의적인 사고를 통해 전구를 발명하였고, 이는 우리의 생활을 혁신적으로 변화시켰습니다. 창의성은 우리에게 새로운 관점에서 문제를 바라보고, 독창적인 해결책을 찾을 수 있게 해줍니다.

두 번째로, 창의성은 혁신을 이끌어냅니다. 우리는 창의성을 통해 새로운 아이디어를 발굴하고, 이를 바탕으로 혁신을 이룰 수 있습니다. 예를 들어, 스티브 잡스는 애플을 창립하며 혁신적인 제품들을 선보였고, 이는 전 세계적으로 큰 영향을 미쳤습니다. 창의성은 우리에게 기존의 한계를 넘어설 수 있는 힘을 줍니다.

세 번째로, 창의성은 우리의 감정을 표현하는 데 중요한 역할을 합니다. 우리는 예술을 통해 창의성을 발휘하고, 자신의 감정과 생각을 시각적으로 표현할 수 있습니다. 예를 들어, 빈센트 반 고흐의 그림 '별이 빛나는 밤'은 그의 감정과 상상을 시각적으로 표현한 놀라운 작품입니다. 창의성은 우리의 내면을 표현하고, 다른 사람들과 공감할 수 있는 중요한 도구입니다.

마지막으로, 창의성은 우리의 삶을 풍요롭게 만듭니다. 우리는 창의적인 활동을 통해 일상생활에서 새로운 즐거움을 찾을 수 있습니다. 예를 들어, 새로운 요리법을 시도하거나, 새로운 취미를 발견하는 것은 우리의 삶을 더욱 흥미롭고 의미 있게 만듭니다. 창의성은 우리에게 끊임없는 탐구와 성장을 가능하게 합니다.

여러분! 창의성은 우리의 삶에서 매우 중요한 요소입니다. 우리는 창의성을 통해 문제를 해결하고, 혁신을 이끌며, 감정을 표현하고, 삶을 풍요롭게 만들 수 있습니다. 여러분도 자신의 창의성을 발휘하여 더 나은 미래를 만들어 가시길 바랍니다.

이상으로 3분 스피치를 모두 마치겠습니다.
감사합니다.

운명이란 무엇인가?

여러분! 안녕하십니까? 제 이름은 ○○○, ○○○입니다.
지금부터 3분 스피치를 시작하겠습니다.
오늘의 주제는 운명이란 무엇인가? 입니다.

여러분! 운명이 무엇입니까?
운명은 우리 삶에 있어서 매우 중요한 개념 중 하나입니다. 우리는 종종 '운명'이라는 단어를 사용하면서 자신의 인생을 해석하고 이해하려 합니다.

첫 번째로, 운명은 우리가 예측할 수 없는 상황을 의미합니다. 인생은 우리가 예측할 수 없는 일들로 가득 차 있습니다. 우리는 매 순간 새로운 선택을 하고, 그 선택에 따라 우리의 미래가 결정됩니다. 하지만 때로는 우리의 선택과 상관없이 일어나는 일들이 있습니다. 예를 들어, 우리는 예상치 못한 사고나 우연한 만남을 통해 인생이 바뀌는 경우가 많습니다. 이것이 바로 운명의 한 부분입니다.

두 번째로 운명은 자신의 노력과 결합된 결과입니다. 운명은 우리가 통제할 수 없는 외부 요인만을 의미하지 않습니다. 우리의 노력과 의지 역시 운명을 만드는 중요한 요소입니다. 우리가 어떤 목표를 설정하고, 그 목표를 이루기 위해 끊임없이 노력할 때, 운명은 우리를 도와주는 힘이 될 수 있습니다. 예를 들어, 어떤 사람이 꿈을 이루기 위해 열심히 노력한다면, 그 노력은 운명과 결합되어 성공을 이루게 됩니다.

마지막으로, 운명은 우리의 관점과 해석에 따라 달라질 수 있습니다. 같은 상황이라도 우리는 그것을 어떻게 받아들이느냐에 따라 운명을 다르게 해석할 수 있습니다. 긍정적인 마인드로 어떤 일을 받아들이면, 그 상황이 우리에게 좋은 운명으로 다가올 수 있습니다. 하지만, 부정적인 마인드로 상황을 받아들인다면, 그것은 불운한 운명으로 다가올 수 있습니다.

여러분!
운명은 우리의 삶에 있어서 중요한 개념이지만, 그것을 어떻게 받아들이고 해석하느냐에 따라 자신의 인생이 달라질 수 있습니다.

운명에 굴복하는 사람이 되시겠습니까? 아니면 운명을 극복하는 사람이 되시겠습니까? 선택은 여러분의 몫입니다.

이상으로 3분 스피치를 모두 마치겠습니다.
감사합니다.

85일차

우정이란 무엇인가?

여러분! 안녕하십니까? 제 이름은 ○○○, ○○○입니다.
지금부터 3분 스피치를 시작하겠습니다.
오늘의 주제는 우정이란 무엇인가?입니다.

여러분! 우정이란 무엇인가요?
우리는 인생에서 친구의 중요성을 알고 있습니다. 하지만 우정이란 과연 무엇일까요? 그리고 왜 우리는 우정을 소중히 여겨야 할까요?

먼저, 우정이란 서로를 이해하고 지지해주는 관계입니다. 우리는 친구와 함께할 때 자신의 진정한 모습을 드러낼 수 있습니다. 친구는 우리의 기쁨을 함께 나누고, 슬픔을 함께 나누며, 우리의 고민을 들어주고 조언을 해줍니다. 친구는 우리가 어떤 상황에 있든지 항상 우리 곁에 있어주는 소중한 존재입니다.

둘째, 우정은 용기와 힘을 주는 관계입니다. 우리는 인생을 살아가면서 많은 도전과 어려움을 마주하게 됩니다. 그럴 때 친구의 격려와 지지는 우리에게 큰 힘이 됩니다.
예를 들어, 중요한 시험을 앞두고 있을 때 친구의 응원은 우리의 자신감을 높여줍니다. 친구는 우리가 좌절해 있을 때 다시 일어설 수 있도록 도와줍니다.

셋째, 우정은 함께 성장하는 관계입니다. 친구와의 대화와 경험을 통해 우리는 다양한 관점을 배우고, 새로운 것들을 시도해볼 수 있습니다. 친구는 우리에게 영감을 주고, 함께 성장할 수 있는 기회를 제공합니다. 그들은 우리가 더 나은 사람이 되도록 도와줍니다.

마지막으로, 우정은 우리의 인생을 풍요롭게 만드는 관계입니다. 친구와 함께하는 순간들은 우리의 인생에서 가장 기억에 남는 순간들입니다. 우리는 친구와 함께 여행을 떠나고, 취미를 공유하며, 웃고 울며 추억을 쌓습니다. 이러한 순간들은 우리의 삶을 더욱 풍요롭게 만듭니다.

여러분!
우정은 우리 삶에 있어서 없어서는 안 될 중요한 요소입니다. 친구와 함께하는 삶은 더욱 행복하고 의미 있는 삶이 될 것입니다. 여러분도 자신의 친구를 소중히 여기고, 그들과의 관계를 지속적으로 발전시켜 나가시길 바랍니다.

이상으로 3분 스피치를 모두 마치겠습니다.
감사합니다.

86일차

결단이란 무엇인가?

여러분! 안녕하십니까? 제 이름은 ○○○, ○○○입니다.
지금부터 3분 스피치를 시작하겠습니다.
오늘의 주제는 결단이란 무엇인가? 입니다.

여러분! 결단이란 무엇인가요?
결단은 우리 인생에서 중요한 전환점을 만들어내는 중요한 요소입니다. 결단이란 과연 무엇일까요? 그리고 왜 우리는 결단을 내리는 것이 중요할까요?

첫째, 결단이란 어떤 상황에서 결정을 내리는 능력입니다. 인생은 끊임없이 선택의 연속입니다. 우리는 크고 작은 여러 가지 선택을 해야 하며, 그 선택에 따라 우리의 인생이 달라집니다. 예를 들어, 직업을 선택하거나 중요한 인생 계획을 세울 때 결단이 필요합니다. 결단은 우리가 원하는 목표를 이루기 위해 필요한 첫 걸음입니다.

둘째, 결단은 두려움을 이겨내는 힘입니다. 우리는 종종 실패에 대한 두려움 때문에 결정을 내리는 것을 망설이기도 합니다. 하지만 결단을 내리는 것은 이러한 두려움을 극복하고 앞으로 나아가는 것을 의미합니다. 예를 들어, 한 기업가가 새로운 사업을 시작할 때, 실패할 가능성이 있더라도 결단을 내려 도전하는 것이 중요합니다. 이렇게 두려움을 이겨내고 결단을 내릴 때, 우리는 새로운 기회를 얻을 수 있습니다.

셋째, 결단은 책임을 지는 자세입니다. 결단을 내린다는 것은 그 결정을 책임지는 것을 의미합니다. 우리는 자신의 결정에 대해 책임을 지고, 그에 따른 결과를 받아들여야 합니다. 이는 우리의 성장을 돕고, 더 나은 사람이 되는 데 중요한 역할을 합니다. 결단은 우리를 성숙하고 책임감 있는 사람으로 만들어줍니다.

마지막으로, 결단은 성공으로 가는 길입니다. 결단을 내리고 목표를 향해 나아가는 것은 성공을 이루기 위한 필수적인 요소입니다. 결단을 내리지 않고 주저하는 동안, 우리는 기회를 놓칠 수 있습니다. 반면, 결단을 내리고 행동에 옮기는 사람은 그만큼 성공에 가까워질 수 있습니다.

여러분!
결단은 우리 삶에서 없어서는 안 될 중요한 요소입니다. 결단이 여러분의 인생을 더욱 의미 있고 성공적으로 만들어 줄 것입니다. 여러분도 자신의 결단력을 키우고, 그 결단을 통해 목표를 이루어 나가시길 바랍니다.

이상으로 3분 스피치를 모두 마치겠습니다.
감사합니다.

87일차

유연성이란 무엇인가?

여러분! 안녕하십니까? 제 이름은 ○○○, ○○○입니다.
지금부터 3분 스피치를 시작하겠습니다.
오늘의 주제는 유연성이란 무엇인가? 입니다.

여러분! 유연성이 무엇인가요?
유연성은 단순히 신체적 유연성을 의미하는 것 뿐만 아니라, 우리의 사고 방식, 감정, 행동 등 다양한 측면에서의 유연성을 포함합니다.

첫째로, 유연성은 변화에 적응하는 능력입니다. 현대 사회는 빠르게 변화하고 있으며, 우리가 살아가는 환경과 상황도 끊임없이 변하고 있습니다. 이러한 변화에 적응할 수 있는 유연성을 가진 사람은 새로운 기회와 도전에 더 잘 대처할 수 있습니다.

예를 들어, 새로운 기술이 도입되거나 업무 방식이 변경될 때, 유연하게 대응할 수 있는 사람은 더 빨리 배워나가고 성공할 가능성이 높습니다.

둘째로, 유연성은 스트레스 관리에 도움을 줍니다. 일상생활에서 우리는 다양한 스트레스와 압박을 경험하게 됩니다. 이때, 유연한 사고방식과 태도를 갖추면 스트레스를 효과적으로 관리하고, 감정을 조절할 수 있습니다. 이는 우리의 정신 건강과 웰빙에 큰 도움이 됩니다.

마지막으로, 유연성은 인간관계를 개선하는 데 중요한 역할을 합니다. 서로 다른 의견이나 갈등 상황에서 유연성을 발휘하면 더 나은 소통과 이해가 가능해집니다. 이는 협력과 팀워크를 촉진하고, 긍정적인 인간관계를 유지하는 데 도움이 됩니다.

여러분!
유연성은 현대 사회에서 성공과 행복을 위해 꼭 필요한 덕목입니다. 우리는 변화에 적응하고, 스트레스를 관리하며, 더 나은 인간관계를 유지하기 위해 유연성을 키워나가야 합니다. 여러분도 유연성을 갖춘 사람이 되어, 다양한 도전과 기회를 즐기며 살아가시길 바랍니다.

이상으로 3분 스피치를 모두 마치겠습니다.
감사합니다.

역경이란 무엇인가?

여러분! 안녕하십니까? 제 이름은 ○○○, ○○○입니다.
지금부터 3분 스피치를 시작하겠습니다.
오늘의 주제는 역경이란 무엇인가? 입니다.

여러분! 역경이 무엇입니까?
역경은 우리를 주저앉히는 장애물이 아니라, 우리를 더욱 강하게 만드는 기회입니다. 역경은 단순한 시련이 아니라 성장을 위한 도전입니다.

우리는 살아가면서 크고 작은 어려움을 마주합니다. 어떤 날은 예상치 못한 시련이 우리를 찾아오기도 하고, 어떤 순간에는 도저히 해결할 수 없을 것 같은 문제 앞에서 좌절하기도 합니다. 하지만 우리는 이 순간을 어떻게 받아들이느냐에 따라 삶이 완전히 달라질 수 있습니다.

역경은 단순한 장애물이 아닙니다. 그것은 우리가 더 나은 사람으로 거듭나게 하는 과정이며, 우리의 한계를 시험하는 기회입니다. 역경을 극복한 사람들은 그 과정 속에서 더욱 강해지고, 깊은 지혜를 얻습니다.
우리가 존경하는 많은 인물들, 위대한 지도자, 혁신적인 창업가, 스포츠 스타들 모두 역경 속에서 빛을 발하며, 그 경험을 바탕으로 성공을 이루었습니다.

토머스 에디슨은 1,000번 이상의 실험 실패 끝에 전구를 발명했습니다. 그는 이렇게 말했습니다. "나는 실패한 것이 아니다. 나는 단지 전구가 켜지지 않는 1,000가지 방법을 발견했을 뿐이다."라고. 실패를 역경으로 받아들이는 것이 아니라, 배움의 과정으로 본다면 우리는 한 단계 더 도약할 수 있습니다.

코코 샤넬은 어린 시절 고아원에서 자랐지만, 오히려 그 경험을 바탕으로 패션을 혁신했습니다. 스티브 잡스는 애플에서 해고당했지만, 그 시간을 통해 더욱 위대한 혁신을 이뤄냈습니다.

이들은 역경을 피한 것이 아니라, 그것을 활용했습니다. 그리고 오늘날 그들은 성공의 아이콘이 되었습니다. 여러분! 역경이 찾아올 때, 그것을 두려워하지 마세요. 오히려 그것을 기회로 삼으세요. 실패는 끝이 아닙니다. 그것은 우리가 더 나아갈 수 있는 시작입니다.

여러분!
고난과 역경은 나를 단련시키는 최고의 스승입니다. 오늘의 도전이 내일의 성공으로 이어질 수 있도록, 우리 모두는 끊임없이 앞으로 나아가야 합니다.

이상으로 3분 스피치를 모두 마치겠습니다.
감사합니다!

89일차

호기심이란 무엇인가?

여러분! 안녕하십니까? 제 이름은 ○○○, ○○○입니다.

지금부터 3분 스피치를 시작하겠습니다.
오늘의 주제는 호기심이란 무엇인가? 입니다.

여러분! 호기심이 무엇인가요?
호기심은 우리가 세상에 대해 더 깊이 이해하고, 지식을 확장하며, 창의성을 발휘하는 데 중요한 역할을 합니다. 호기심은 어린 시절부터 우리에게 자연스럽게 존재하는 감정이지만, 이를 지속적으로 유지하고 발전시키는 것은 매우 중요합니다.

첫째로, 호기심은 학습과 성장을 촉진합니다. 우리는 호기심을 통해 새로운 것에 대해 질문하고, 답을 찾기 위해 탐구합니다. 이 과정에서 우리는 지식과 경험을 쌓고, 자신을 더욱 발전시킬 수 있습니다.

예를 들어, 과학자들은 호기심을 통해 새로운 발견을 하고, 인류의 지식과 기술을 발전시켜 왔습니다. 아인슈타인은 호기심이 자신을 이끈 가장 큰 동력 중 하나라고 말했습니다.

둘째로, 호기심은 창의성과 혁신을 촉진합니다. 창의적 사고는 호기심에서 비롯됩니다. 우리는 새로운 아이디어와 방법을 찾기 위해 기존의 틀을 벗어나야 합니다. 호기심을 가진 사람은 고정된 사고방식에서 벗어나 다양한 가능성을 탐구하고, 혁신적인 해결책을 찾을 수 있습니다.

예를 들어, 스티브 잡스는 호기심을 통해 애플의 혁신적인 제품들을 만들어냈습니다.

마지막으로, 호기심은 인간관계를 풍요롭게 합니다. 우리는 서로의 이야기에 귀 기울이고, 상대방에 대해 더 많이 알고자 하는 호기심을 가질 때 더 깊은 관계를 형성할 수 있습니다. 호기심을 통해 우리는 공감과 이해를 바탕으로 더 나은 소통과 협력을 이끌어낼 수 있습니다.

여러분!
호기심은 우리의 삶을 더욱 풍요롭게 하고, 지속적인 학습과 성장을 가능하게 합니다. 우리는 호기심을 통해 새로운 지식을 탐구하고, 창의성과 혁신을 발휘하며, 풍요로운 인간관계를 형성할 수 있습니다. 여러분도 호기심을 잃지 않고, 항상 새로운 것을 탐구하며 성장해 나가시길 바랍니다.

이상으로 3분 스피치를 모두 마치겠습니다.
감사합니다.

활력이란 무엇인가?

여러분! 안녕하십니까? 제 이름은 ○○○, ○○○입니다.
지금부터 3분 스피치를 시작하겠습니다.
오늘의 주제는 활력이란 무엇인가? 입니다.

여러분! 활력이 무엇인가요?
활력은 우리 삶의 에너지를 공급하는 중요한 요소로서, 일상에서의 성공과 행복을 이루기 위한 필수적인 자질입니다. 활력이 있는 사람은 긍정적인 마인드를 가지고, 목표를 향해 힘차게 나아갈 수 있습니다.

첫째로, 활력은 신체적 건강과 밀접한 관련이 있습니다. 우리가 활력을 느끼기 위해서는 충분한 운동과 올바른 식습관이 필요합니다. 규칙적인 운동은 우리 몸에 활력을 불어넣어 주며, 면역력을 강화시키고, 스트레스를 해소하는 데 도움을 줍니다. 또한, 영양가 있는 식단은 우리 몸에 필요한 에너지를 공급하여 활력을 유지할 수 있도록 도와줍니다.

둘째로, 활력은 정신적 건강에도 중요한 역할을 합니다. 긍정적인 사고와 감정 관리는 우리의 정신적 활력을 높이는 데 큰 도움이 됩니다. 우리는 일상생활에서 다양한 도전과 스트레스를 마주하게 됩니다. 이때, 긍정적인 태도로 문제를 해결하고, 감정을 적절히 조절하는 능력이 필요합니다. 이는 우리의 정신적 웰빙을 높이고, 더 행복하고 만족스러운 삶을 살 수 있게 해줍니다.

마지막으로, 활력은 사회적 관계에서도 중요한 역할을 합니다. 활력이 넘치는 사람은 주위 사람들에게 긍정적인 영향을 미치며, 좋은 인간관계를 형성할 수 있습니다. 우리는 서로에게 활력을 주고받으며, 더 나은 팀워크와 협력을 이끌어낼 수 있습니다. 이는 우리의 사회적 웰빙을 높이고, 더 풍요로운 삶을 살 수 있게 해줍니다.

여러분!
활력은 신체적 건강, 정신적 건강, 사회적 관계를 모두 포함하는 중요한 자질입니다. 우리는 활력을 유지하고, 더 나은 삶을 살기 위해 규칙적인 운동과 올바른 식습관을 유지하며, 긍정적인 사고와 감정 관리를 실천해야 합니다. 여러분도 활력이 넘치는 삶을 통해 목표를 이루고, 행복한 미래를 만들어 나가시길 바랍니다.

이상으로 3분 스피치를 모두 마치겠습니다.
감사합니다.

카리스마란 무엇인가?

여러분! 안녕하십니까? 제 이름은 ○○○, ○○○입니다.
지금부터 3분 스피치를 시작하겠습니다.
오늘의 주제는 카리스마란 무엇인가? 입니다.

여러분! 많은 사람들은 카리스마를 타고난 능력이나 특정 인물만이 가지고 있는 특별한 재능이라고 얘기합니다. 하지만 카리스마는 보통사람도 누구나 노력하면 가질 수 있는 능력입니다. 진정한 의미의 카리스마란 무엇일까요?

카리스마는 상대방을 끌어당기는 매력이나 자질을 의미합니다. 카리스마가 있는 사람은 다른 사람들에게 긍정적인 영향을 미치며, 그들과의 소통에서 자신감과 신뢰를 보여줍니다.

카리스마는 다른 사람들이 자신을 따르도록 만들고, 그들을 동기부여하게 하는 힘을 가지고 있습니다.

그렇다면, 어떻게 하면 카리스마를 키울 수 있을까요?

첫째, 자신에 대한 자신감을 가지는 것이 중요합니다. 스스로가 자신에 대한 확신이 있을 때, 다른 사람들도 자연스럽게 그 확신을 느끼게 됩니다.

둘째, 적극적인 경청과 공감을 통해 다른 사람들과의 관계를 강화해야 합니다. 사람들은 자신을 이해해 주고 존중해 주는 사람에게 끌리게 마련입니다.

셋째, 자신의 가치를 명확히 하고 그 가치를 지키는 태도를 가져야 합니다. 자신이 무엇을 추구하는지 분명히 알고 그에 따라 행동할 때, 사람들은 그 진정성을 느낍니다.

여러분!
카리스마는 단순히 외적인 매력이나 능력만을 의미하지 않습니다. 내면의 힘과 사람들과의 진정성 있는 연결이 카리스마의 핵심입니다. 여러분도 장군스피치 훈련으로 카리스마 리더에 한번 도전해 보시기 바랍니다.

이상으로 3분 스피치를 모두 마치겠습니다.
감사합니다.

좌우명이란 무엇인가?

여러분! 안녕하십니까? 제 이름은 ○○○, ○○○입니다.
지금부터 3분 스피치를 시작하겠습니다.
오늘의 주제는 좌우명이란 무엇인가? 입니다.

여러분! 좌우명이 무엇입니까?
좌우명이란 한 사람이 평생을 살아가면서 지침으로 삼는 삶의 원칙입니다. 마치 나침반처럼 우리의 길을 안내해 주는 역할을 하고 있습니다.
위대한 인물들을 보면 각자의 좌우명을 가지고 있었습니다. 세종대왕은 "백성을 하늘같이 여기라"는 마음으로 한글을 창제했고, 이순신 장군은 "신에게는 아직 12척의 배가 있습니다"라는 불굴의 의지로 나라를 지켰습니다.

좌우명이란 단순히 멋진 문구가 아니라, 우리 삶의 방향성을 제시하고 일상 속에서 우리의 행동을 인도하는 중요한 역할을 합니다.
예를 들어, "자신을 믿어라"라는 좌우명은 어떤 상황에서도 자신감을 잃지 않고 최선을 다하도록 도와줍니다. 이처럼 좌우명은 우리의 가치관과 목표를 구체화하고, 이를 통해 더 나은 선택과 결정을 할 수 있게 합니다.

또한 좌우명은 우리가 힘든 상황을 극복하는 데 큰 도움이 됩니다. 삶은 때로 예상치 못한 어려움과 도전에 직면하게 되는데, 이때 좌우명은 우리에게 용기와 인내를 심어줍니다. "포기하지 마라"라는 좌우명을 가진 사람은 어려운 상황에서도 긍정적인 마인드를 유지하고 끝까지 노력할 것입니다.

마지막으로, 좌우명은 우리의 삶에 의미를 부여하고, 매일매일의 일상 속에서 우리가 더 나은 사람이 되도록 돕습니다. 좌우명을 통해 우리는 스스로의 한계를 뛰어넘고, 더 큰 목표를 향해 나아갈 수 있습니다. 그리고 이러한 과정에서 우리는 성장하고, 더 성숙한 인간으로 거듭날 수 있습니다.

여러분!
여러분은 어떤 좌우명을 가지고 계십니까? 지금부터 자신만의 좌우명을 고민하고, 그것을 실천해 나간다면 더욱 빛나는 삶을 살 수 있을 것입니다.

이상으로 3분 스피치를 모두 마치겠습니다.
감사합니다.

93일차

자유란 무엇인가?

여러분! 안녕하십니까? 제 이름은 ○○○, ○○○입니다.
지금부터 3분 스피치를 시작하겠습니다.
오늘의 주제는 자유란 무엇인가? 입니다

여러분! 자유가 무엇입니까?
자유는 우리의 삶을 형성하는 핵심 요소이며, 우리를 인간답게 만드는 본질이고, 우리의 삶을 향한 희망이자 미래입니다. 저는 자유를 크게 개인적 자유, 사회적 자유, 정치적 자유 3가지로 구분해서 말씀드리겠습니다

먼저, 개인적 자유입니다. 개인적 자유는 우리가 스스로 선택하고 표현할 수 있는 권리를 말합니다. 어떤 직업을 가질지, 어떤 신념을 따를지, 또는 삶을 어떻게 설계할지를 결정하는 것은 바로 개인적 자유에서 비롯됩니다. 이 자유는 우리를 독창적이고 의미 있는 삶으로 이끌며, 잠재력을 발휘할 기회를 제공합니다.

다음으로, 사회적 자유입니다. 사회적 자유는 모든 구성원이 차별

없이 동등한 권리와 기회를 누리는 것을 의미합니다. 이는 성별, 인종, 종교, 국적에 상관없이 모든 사람의 존엄성을 존중하는 데 기초합니다. 사회적 자유를 통해 우리는 협력과 조화를 이루며 서로의 다름을 이해하고 존중할 수 있습니다.

마지막으로, 정치적 자유입니다. 정치적 자유는 정부나 권력으로부터의 억압 없이 자신의 의견을 표현하고, 정책 결정 과정에 참여할 수 있는 권리를 포함합니다. 이는 민주주의의 핵심 요소로, 시민들이 정의롭고 투명한 사회를 만들어가는 데 기여합니다.

여러분!
자유는 개인과 사회 모두가 성장하고 발전할 수 있는 원동력입니다.
우리모두 자유를 존중하고 보호함으로써, 더 나은 미래를 함께 만들어 가시기 바랍니다.

이상으로 3분 스피치를 모두 마치겠습니다.
감사합니다.

94일차

내 운명은 내가 개척한다

여러분! 안녕하십니까? 제 이름은 ○○○, ○○○입니다.
지금부터 3분 스피치를 시작하겠습니다.
오늘의 주제는 내 운명은 내가 개척한다. 입니다.

우리 속담에 '천리길도 한걸음부터' 라는 말이 있습니다. 나는 이 말이 진실이라는 것을 알기 때문에 오늘도 한걸음 한걸음 앞으로 나아갑니다. 나는 그동안 너무 오랫동안 바람의 풍향을 살피면서 왼쪽으로 갈까, 오른쪽으로 갈까, 뒤로 갈까, 앞으로 갈까 망설여 왔습니다.

바람이란 무엇입니까? 사람들의 비난, 비판, 불평, 이 모든 것이 바람의 요소입니다. 하지만 바람의 풍향 따위는 나에게는 아무런 영향도 미치지 못합니다. 방향을 결정하는 힘은 오직 나에게 있습니다. 오늘 나는 그 힘을 행사하겠습니다.

나의 길은 결정되었습니다. 내 운명은 내가 개척합니다.

나에게는 꿈이 있습니다. 그것은 위대한 꿈입니다. 나는 그 꿈을 꼭 잡고 놓치지 않겠습니다. 만약 내가 그걸 놓친다면 내 인생은 끝장 날 것입니다.

나에게는 단호한 의지가 있습니다. 나는 기다리지 않겠습니다. 이제 나는 단호한 마음으로 결정을 내리겠습니다. 나는 이제 아무런 두려움이 없습니다.
나는 내 미래의 비전을 이루기 위한 열정을 가지고 있습니다. 나의 길은 결정되었습니다. 내 운명은 내가 개척합니다.

여러분!
여러분들은 자신의 운명을 스스로 개척하고 계십니까?
아니면 운명에 굴복하여 이끌려가고 있습니까?

이상으로 3분 스피치를 모두 마치겠습니다.
감사합니다.

나는 행동을 선택하는 사람이다.

여러분! 안녕하십니까? 제 이름은 ○○○, ○○○입니다.
지금부터 3분 스피치를 시작하겠습니다.
오늘의 주제는 나는 행동을 선택하는 사람이다. 입니다.

오늘부터 나는 새로운 나를 창조함으로써 새로운 미래를 만들겠습니다. 나는 낭비한 시간, 잃어버린 기회를 아까워하며 절망의 늪에는 빠지지 않겠습니다.

나는 나의 미래를 양손으로 움켜쥐면서 적극적으로 미래를 개척해 나가겠습니다. 아무것도 하지 않는 것과 무언가 해야 하는 것 중 하나를 선택하라면 나는 늘 행동하는 쪽을 선택하겠습니다!
나는 이 순간을 잡겠습니다. 지금을 선택하겠습니다.

나는 행동을 선택하는 사람입니다. 나는 리더입니다. 리드하는 것은 행동하는 것입니다. 리드하기 위해 나는 앞으로 움직여 나가겠습니다.

나는 행동을 선택하는 사람입니다. 나는 결정을 내릴 수 있습니다. 그것도 지금 당장. 왼쪽으로도 오른쪽으로도 움직이지 않는 사람은 평범한 사람이 될 수밖에 없습니다.

나는 결정을 잘 못 내릴 것을 두려워하는 우유부단한 사람이 아닙니다. 나의 체질은 강인하고 나의 앞길은 분명합니다.
나는 행동을 선택하는 사람입니다. 나는 용감합니다.
나는 실패를 두려워하지 않습니다. 실패는 그만두기를 좋아하는 사람에게나 있는 것입니다.

여러분!
여러분들은 실패가 두려워 주저하고 있습니까?
아니면 용감하게 행동을 선택하는 사람입니까?

이상으로 3분 스피치를 모두 마치겠습니다.
감사합니다.

나는 지혜를 찾아 나서겠다.

여러분! 안녕하십니까? 제 이름은 ○○○, ○○○입니다.
지금부터 3분 스피치를 시작하겠습니다.
오늘의 주제는 나는 지혜를 찾아 나서겠다. 입니다.

오늘 나는 지혜를 적극적으로 찾아 나서겠습니다. 나의 과거는 결코 바꿀 수 없지만 오늘 내 행동을 바꿈으로써 나의 미래를 바꿀 수 있습니다. 나는 오늘 당장 나의 행동을 바꾸겠습니다!
나의 인간관계에 긍정적인 변화를 가져오게 하는 좋은 책과 자료들을 열심히 읽고 또 듣겠습니다.

나는 지혜를 찾겠습니다. 나는 조심스럽게 내 친구들을 선택하겠습니다. 내가 닭을 친구로 사귄다면 나는 평생 땅을 후벼파며 닭으로 살아갈 것이다. 나는 독수리가 되겠습니다. 하늘 높이 나는 것이 나의 운명입니다.

나는 지혜를 찾을 것입니다. 나는 현명한 사람들의 조언에 귀를 기울일 것입니다. 현명한 사람과 의논함으로써 나는 그의 지식과 경험을 빌려와 내 것으로 만들것입니다. 그리하여 내 성공의 가능성을 크게 높일 것입니다.

나는 지혜를 찾겠습니다. 나는 다른 사람들에게 봉사하는 사람이 되겠습니다. 나는 누군가가 나를 대신하여 문을 열어주기를 바라지 않고 누군가를 위해 문을 열어주는 사람이 되겠습니다.
나는 남들에게 봉사하는 사람이 되겠습니다. 나는 현명한 사람들의 조언에 귀 기울이겠습니다. 나는 조심스럽게 친구들을 선택하겠습니다. 나는 지혜를 찾아 나서겠습니다.

여러분!
여러분은 성공을 원하십니까?
그러면 지금부터 지혜의 샘을 찾아 나서십시오!

이상으로 3분 스피치를 모두 마치겠습니다.
감사합니다.

나는 과거에 얽메이지 않겠다.

여러분! 안녕하십니까? 제 이름은 ○○○, ○○○입니다.
지금부터 3분 스피치를 시작하겠습니다.
오늘의 주제는 나는 과거에 얽메이지 않겠다. 입니다.

나는 지금 이 순간부터 나의 과거에 대하여 총체적인 책임을 지겠습니다. 나는 내 과거에 대하여 스스로 책임을 짐으로써 나 자신을 과거로부터 해방시킬 수 있습니다.

나는 앞으로 나의 현재 상황에 대하여 그 누구에게도 책임을 전가하지 않겠습니다. 나의 교육배경, 나의 유전자, 나의 일상생활이 나의 미래에 부정적인 영향을 주지 않도록 하겠습니다.

나는 앞을 내다보겠습니다. 나의 과거가 나의 운명을 지배하도록 내버려두지 않겠습니다. 나는 과거에 얽메이지 않겠습니다. 나는 내 과거에 대하여 모든 책임을 지겠습니다. 나는 내 성공에 대해서도 책임을 지겠습니다.

나는 편안한 것만을 추구하는 사람들과 어울려 편안한 것만 추구하는 나약한 사람이 되지 않겠습니다. 나는 결단을 내려야 할 상황이 되면 반드시 결단을 내리겠습니다.

나는 내 생각과 내 감정을 통제하겠습니다. 나에게 역경이 찾아오면 나는 역경에 굴복하는 사람이 아니라 역경을 극복하는 사람이 되겠습니다. 역경은 위대한 사람이 되기 위해 반드시 거쳐야 하는 예비학교입니다.

여러분!
어제까지의 죽은 과거 속에 살아가시겠습니까? 아니면 새로운 미래를 창조하며 살아가시겠습니까? 선택은 여러분의 몫입니다.

이상으로 3분 스피치를 모두 마치겠습니다.
감사합니다.

98일차

나는 행복한 사람이 될 것이다.

여러분! 안녕하십니까? 제 이름은 ○○○, ○○○입니다.

지금부터 3분 스피치를 시작하겠습니다.

오늘의 주제는 나는 행복한 사람이 될 것이다. 입니다.

오늘 나는 행복한 사람이 될 것을 선택하겠습니다. 나는 매일 매일을 웃음으로 맞이하겠습니다. 나는 아침에 잠에서 깨면 10초동안 마음껏 웃겠습니다. 나는 오늘을 흥분된 마음으로 맞이하겠습니다. 나는 행복한 사람이 될 것입니다!

오늘 나는 행복한 사람이 될 것을 선택하겠습니다. 나는 만나는 사람마다 웃으며 맞이하겠습니다. 미소는 내가 가지고 있는 가장 강력한 무기입니다. 나는 이 미소를 끊임없이 활용하여 누구보다 먼저 미소 짓는 사람이 되겠습니다. 어떤 현자는 말했습니다. "나는 행복하기 때문에 노래 부르는 것이 아니라 노래 부를 수 있기 때문에 행복하다."라고.

내가 미소 짓기를 선택할 때 나는 내 감정의 주인이 됩니다. 낙담,

절망, 좌절, 공포는 내 미소 앞에서 모두 사라져 버립니다.

오늘 나는 행복한 사람이 될 것을 선택하겠습니다. 과거에 나는 어떤 우울한 상황을 만나면 크게 낙담하다가 나보다 훨씬 못한 사람을 만나서야 비로소 위안을 얻고는 했습니다. 하지만 이제는 더 이상 그렇지 않습니다. 신선한 바람이 공기 중의 연기를 말끔이 걷어가듯이 감사하는 마음은 절망의 구름을 순식간에 없애 버립니다.

여러분!
매일매일 행복한 마음으로 살아가는 사람이 되시겠습니까? 아니면 절망의 마음으로 살아가는 사람이 되시겠습니까? 선택은 여러분의 몫입니다.

이상으로 3분 스피치를 모두 마치겠습니다.
감사합니다.

나는 용서하는 마음으로 살겠다.

여러분! 안녕하십니까? 제 이름은 ○○○, ○○○입니다.

지금부터 3분 스피치를 시작하겠습니다.

오늘의 주제는 나는 용서하는 마음으로 살겠다. 입니다.

나는 아주 오랫동안 나의 용서하는 힘을 잊고 살아왔습니다. 나는 대부분의 사람들이 나의 소중한 용서를 받을 자격이 없다고 생각했습니다. 또한 그들이 용서를 청하지 않았으므로 용서해 줄 필요가 없다고 생각했습니다. 하지만 이제 나는 더 이상 그런 사람이 아닙니다. 나는 이 세상의 수많은 사람들 중에서 분노와 적개심을 풀어낼 줄 아는 사람이 되었습니다.

나는 매일 매일 용서하는 마음으로 하루를 맞이하겠습니다. 나는 나에게 용서를 빌지 않는 사람들조차도 용서하겠습니다.

나는 과거에 생각없고 배려없는 사람들이 내 앞길에 무심코 내던진 말이나 행동에 분노로 펄펄 끓던 적이 여러 번 있었습니다.

나는 복수와 대결을 꿈꾸며 귀중한 시간을 낭비했습니다.

나는 앞으로 나의 용서가 필요없다고 생각하는 사람들도 아무 조건 없이 용서하겠습니다. 이렇게 용서함으로써 내 영혼은 다시 편안해질 것이고 나의 동료들과도 다정한 사이가 될 것입니다.

여러분!
매일매일 분노의 마음으로 살아가시겠습니까? 아니면 용서의 마음으로 살아가시겠습니까? 선택은 여러분의 몫입니다.

이상으로 3분 스피치를 모두 마치겠습니다.
감사합니다.

나는 결단코 물러서지 않겠다.

여러분! 안녕하십니까? 제 이름은 ○○○, ○○○입니다.

지금부터 3분 스피치를 시작하겠습니다.

오늘의 주제는 나는 결단코 물러서지 않겠다. 입니다.

나는 우리 인간에게 부여된 가장 큰 힘, 즉 선택의 힘을 갖고 있습니다. 오늘 나는 어떠한 경우에도 물러서지 않는 것을 선택하겠습니다. 나는 더 이상 망설임의 세계에서 살지 않겠습니다.

나는 시냇물에 선 갈대처럼 이리저리 흔들리지 않겠습니다. 나는 나의 꿈에 꼭 매달리겠습니다. 나는 나의 길을 바꾸지 않겠습니다. 나는 뒤로 물러서지 않겠습니다.

대부분의 사람들은 지치고 힘든 상황이 오면 뒤로 물러섭니다. 나는 그 '대부분의 사람들'이 아닙니다. 나는 대부분의 사람들보다 훨씬 강합니다.

나는 어떠한 경우에도 물러서지 않겠습니다. 나는 커다란 믿음을 가진 사람입니다. 앞으로 나는 나의 밝은 미래에 대하여 믿음을 가지겠습니다. 나는 그동안 나의 믿음을 의심하며 너무 많은 시간을 허송했습니다. 앞으로는 절대로 그런일이 없을 것입니다! 나는 나의 미래에 믿음을 가지고 있습니다.

나는 어떠한 경우에도 물러서지 않겠습니다.

여러분!
여러분에게 역경이 몰려오면 회피하고 물러서겠습니까? 아니면 역경을 극복하고 앞으로 나아가겠습니까? 선택은 여러분의 몫입니다.

이상으로 3분 스피치를 모두 마치겠습니다.
감사합니다.

[부 록]

1. 10단계 발성훈련

- 하나 하면 하나요   10의 음성
- 둘 하면 둘이요   20의 음성
- 셋 하면 셋이요   30의 음성
- 넷 하면 넷이요   40의 음성
- 다섯 하면 다섯이요   50의 음성
- 여섯 하면 여섯이요   60의 음성
- 일곱 하면 일곱이요   70의 음성
- 여덟 하면 여덟이요   80의 음성
- 아홉 하면 아홉이요   90의 음성
- 열 하면 열이다   100의 음성

2. 젓가락 발음훈련

- 가 나 다 라 마 바 사 아 자 차 카 타 파 하
- 갸 냐 댜 랴 먀 뱌 샤 야 쟈 챠 캬 탸 퍄 햐
- 거 너 더 러 머 버 서 어 저 처 커 터 퍼 허
- 겨 녀 뎌 려 며 벼 셔 여 져 쳐 켜 텨 펴 혀
- 고 노 도 로 모 보 소 오 조 초 코 토 포 호
- 교 뇨 됴 료 묘 뵤 쇼 요 죠 쵸 쿄 툐 표 효
- 구 누 두 루 무 부 수 우 주 추 쿠 투 푸 후
- 규 뉴 듀 류 뮤 뷰 슈 유 쥬 츄 큐 튜 퓨 휴

- 그 느 드 르 므 브 스 으 즈 츠 크 트 프 흐
- 기 니 디 리 미 비 시 이 지 치 키 티 피 히

3. 어려운 받침발음 훈련

- 들의 콩깍지는 깐 콩깍지인가 안 깐 콩깍지인가 깐 콩깍지면 어떻고 안 깐 콩깍지면 어떠냐. 깐 콩깍지나 안 깐 콩깍지나 콩깍지는 다 콩깍지인데

- 간장 공장 공장장은 강 공장장이고, 된장 공장 공장장은 공 공장장이다

- 앞 집 팥죽은 붉은 팥 풋팥죽이고, 뒷집 콩죽은 햇콩단콩콩죽, 우리집 깨죽은 검은깨 깨죽인데 사람들은 햇콩 단콩 콩죽 깨죽 죽먹기를 싫어하더라

4. 고객감동 목소리 훈련

- 나를 위하여 땀을 흘리고(30음)
- 남을 위하여 눈물을 흘리고(60음)
- 조국을 위하여 피를 흘리자(90음)

- 용기의 상징은 피요
- 패배의 상징은 눈물이요
- 열정과 노력의 상징은 땀입니다.
  ~ 여러분! 여러분! 여러분!

5. 이순신장군 한산대첩 연설문 훈련

- 들어라! 지금 우리 주둔지 바로 앞에는 지금까지 우리가 봐온 적들과는 비교가 안될 정도의 많은 적들이 모여있다. 너희가 겁을 먹을까봐 이 사실을 숨기자는 말도 있었다. 하지만 보이지 않는 적을 벨수는 없다. 적들을 보아라 그리고 들어라. 조선은 바람앞에 등불, 아니 이미 꺼져버린 촛불일지도 모른다. 어쩌면 그대들이 이 나라의 마지막 군인일지도 모른다

- 우리는 누구를 위해 싸우는가···. 이겨라! 우리는 왜 싸우는가···. 죽지 마라. 너희가 죽지 않으면 내가 죽지 않는다. 너희들이 죽지 않으면 너희 가족이 죽지 않는다. 너희가 죽지 않으면 조선이 죽지 않는다. 나에게는 너희가 조선이다

- 들어라! 전투에 우리는 단 한번도 기습을 당한적이 없다. 우리가 원하는 때에, 우리가 원하는 장소에서 싸운다. 그것이 우리의 싸움이다. 지체할 시간이 없다. 전군, 지금 당장 출격하라!

6. 목소리 발성훈련

- 저는 여러분께 자신있게 말합니다
- 우리가 진정으로 할 수 있다고 믿으면
- 그것은 반드시 이루어진다고 믿습니다

- 비록 힘이 없다 해도 희망만은 잃지 맙시다
- 비록 실패했다 해도 자신만은 잃지 맙시다

- 비록 패배했다 해도 용기만은 잃지 맙시다…. 여러분! 여러분! 여러분!

7. 자기신념 강화훈련

- 어제까지의 나는 죽었다
- 어제까지의 나 000은 죽었다
- 오늘부터 나는 새롭게 태어난다
- 변화하려고 하지 않는자 그는 죽은자이다
- 성공하려고 하지 않는자 그도 죽은자이다
- 000! 넌 대단해! 넌 할수있어! 넌 최고야!
- 넌 반드시 해낼 거야! 난 널 믿어!
  ~ 여러분! 여러분! 여러분!

8. 자신감 향상 스피치 훈련

- 나는 할 수 있다…. 나는 할 수 있다!
- 나 000은 할 수 있다.
- 나는 반드시 해낸다! 나는 반드시 해낼 것이다!
- 나 000는 성공할 것이다.
- 나는 반드시 성공할 것이다!
- 나는 할 수 있습니다…. 믿습니까?
  ~ 여러분!! 여러분!! 여러분!!